AF542319

Erhard Roy Wiehn   Juden in Thessaloniki

Erhard Roy Wiehn Juden in Thessaloniki

Erhard Roy Wiehn

Juden in Thessaloniki

Die alte sephardische Metropole im kurzen geschichtlichen Überblick unter besonderer Berücksichtigung der Schoáh 1941–1944

Hartung-Gorre Verlag Konstanz

Umschlag-Titelseite: Holocaust-Mahnmal auf dem jüdischen Friedhof in Thessaloniki;
Umschlag-Rückseite Deportations-Mahnmal in Yad Vashem, Jerusalem (Fotos Erhard Roy Wiehn);
Herstellung: Libri Plureos GmbH, Hamburg.

Bibliografische Information der Deutschen Nationalbibliothek
Die Deutsche Nationalbibliothek verzeichnet diese Publikation in der Deutschen Nationalbibliografie; detaillierte bibliografische Daten sind im Internet über **https://dnb.dnb.de** abrufbar.

Erste Auflage 2001, Neuauflage 2018
Hartung-Gorre Verlag Konstanz Germany
ISBN 978-3-86628-498-2 und 3-86628-498-5

Inhalt

Erika Myriam Kounio und Rudolf (Rolly) Amariglio zum Gedenken – der Jüdischen Gemeinde Thessaloniki als Hommage

Erika Myriam Kounio-Amariglio

Damit es die ganze Welt erfährt

Εις πείσμα των Γερμανών, επιζήσαμε.

Erika Kounio bei Thessaloniki im August 1942

Erhard Roy Wiehn

Hommage für die alte "Mutter Israels"

Ab Oktober 1992 hatte ich mich erstmals intensiver mit der Schoáh in Griechenland zu befassen begonnen, nachdem ich nämlich Dr. Jacques Stroumsa durch seinen autobiographischen Vortrag in Konstanz kennengelernt hatte, woraus dann bald seine Schrift *'Geiger in Auschwitz - Ein jüdisches Überlebensschicksal aus Saloniki 1941–1947'* entstand, die wir im Herbst 1993 in unserer Edition *Schoáh & Judaica* veröffentlichen konnten. Anfang September 1995 übergab mir Dr. Stroumsa dann in Jerusalem den Überlebensbericht von Erika Kounio-Amariglio aus Thessaloniki, und nach umgehender, ebenso faszinierter wie ergriffener Lektüre war mir klar, daß auch dieses Überlebensdokument in unsere Reihe aufgenommen werden mußte: *'Damit es die ganze Welt erfährt - Von Saloniki nach Auschwitz und zurück 1926–1996'* konnte bereits im Sommer 1996 erscheinen und in Anwesenheit der Autorin und ihres Mannes im November 1996 in der Universität Konstanz vorgestellt werden.

Die intensive kooperative Editionsarbeit und unsere erste persönliche Begegnung hatten bald zu einer besonderen Freundschaft auch mit Rudolf (Rolly) Amariglio geführt und seit 1997 zu mehreren, unglaublich erlebnisreichen Besuchen in Thessaloniki und Nordgriechenland:[1] Wir haben Erikas Mutter Hella kennenlernen dürfen und mit ihr über Auschwitz gesprochen, als sei es erst gestern gewesen; sie war

---

[1] Für den Absolventen eines altsprachlichen Gymnasiums, der schon früh Griechenland bereiste, die Peloponnes und Kreta durchwanderte, in einem Waisenhaus auf Rhodos arbeitete und in seinen universitären Lehrveranstaltungen zur Geschichte der Soziologie stets auch Platon und Aristoteles zu Wort kommen ließ, natürlich von besonderem Reiz.

wohl eine der ältesten noch lebenden Überlebenden, eine außergewöhnliche Frau. Auch Erikas Bruder Heinz Kounio, der als Junge Auschwitz überlebte, haben wir mehrfach gesprochen; er ist (*2001*) Präsident der Jüdischen Gemeinde von Thessaloniki und hat uns persönlich durch die eindrucksvolle Ausstellung *"Thessaloniki, Sephardische Metropole"* geführt.

Nicht nur vor Ort und in der weiteren Umgebung haben wir dank Erika und Rudolf Amariglio viele jüdische Spuren sehen können, beispielsweise auch das renovierte jüdische Viertel von Veroia samt uralter Synagoge, sondern das heutige jüdische Thessaloniki gewissermaßen "von innen" erfahren dürfen, wobei ja die uralte Geschichte und besonders die rabenschwarze deutsche Vergangenheit fast immer gegenwärtig erscheinen (seit meinem ersten Besuch in Thessaloniki liegt auf meinem häuslichen Schreibtisch ein schwarzer Schotterstein vom ehemaligen dortigen Deportationsbahnhof). Der eigentümliche Begriff "Holocaust", d.h. "Ganzopfer", kommt ja bekanntlich aus dem Griechischen, der hebräische Begriff "Schoáh" heißt schlicht "Katastrophe".

Thessaloniki hatte es mir längst angetan, und so bedurfte es eigentlich nur eines entsprechenden Anlasses, um einmal wenigstens eine Skizze der einzigartigen Geschichte des jüdischen Lebens dieser Stadt zu versuchen und ein wenig von ihrem Aroma zu vermitteln. Die Einladung zu einem einschlägigen Vortrag im Rahmen der *Griechischen Kulturtage in Ulm* im September 2001, und zwar im Zusammenhang mit *"Gastland Griechenland auf der Frankfurter Buchmesse"* im Oktober 2001, war der ideale Anlaß zu dieser kleinen Schrift: Das Frankfurter Buchmessen-Motto *"Neue Wege nach Ithaka"* erfährt hier freilich eine eigene, gewissermaßen jüdische Deutung, und vielleicht ist die vorliegende kleine

Schrift der einzige "jüdisch-griechische" Beitrag zum diesjährigen Frankfurter Buchmessenmotto. Natürlich erscheint es beinahe sträflich, eine ca. 2300-jährige Geschichte in eine so schmale Schrift zu zwängen. Doch will diese eben gewiß auch nicht mehr sein als der Versuch einer *Hommage für die alte "Mutter Israels"*, vor allem aber ein Zeichen des Dankes an Erika und Rudolf (Rolly) Amariglio für ihre Freundschaft.

Herzlich zu danken ist Gisela Kalaritis (Ulm) für die Einladung zu den Griechischen Kulturtagen in Ulm, Sabine Martin, Gabriela Kruse-Niermann und Mirjam Wiehn fürs Korrekturlesen sowie Heide Fehringer für alle PC-Arbeiten Weitere ergänzende Schriften aus meiner Edition *Schoáh & Judaica* finden sich in der Ausgewählten Literatur am Ende dieser Schrift.

Gerade der jüngste Konflikt um das Goethe-Institut in Athen im September 2001, Folge einer Klage um Wiedergutmachung für ein Massaker der SS im Jahre 1944 (!), zeigt ja einmal mehr, wie unbewältigt gegenwärtig bzw. gegenwärtig unbewältigt die deutsche Vergangenheit auch in Griechenland selbst 60 Jahre später noch immer ist. Nicht zuletzt und gerade gegen stets aktuelles Vergessen in Deutschland ist die vorliegende kleine Schrift *'Juden in Thessaloniki - Die alte sephardische Metropole im kurzen geschichtlichen Überblick unter besonderer Berücksichtigung der Schoáh 1941–1944'* gedacht, gewissermaßen auch, um nicht alles einem anderen zu überlassen, wie es im denkwürdigen "Wappenspruch" der Jüdischen Gemeinde von Thessaloniki heißt: *"G'tt erinnert, was Menschen vergessen."*

vor Rosch Haschana 5762 - im September 2001

Im "Tal der zerstörten Gemeinden", Jerusalem (Foto Erhard Roy Wiehn)

Juden in Thessaloniki

Die alte sephardische Metropole unter besonderer Berücksichtigung der Schoáh

Die jüdische Gemeinde von Thessaloniki spricht (im Ausstellungsprospekt "Thessaloniki, Sephardic Metropolis") von einer Geschichte ihrer Gemeinde seit "der Geburt ihrer Stadt" anno 315 v.u.Z. und von folgenden 11 Zeitabschnitten: 1. Die ersten Juden in Thessaloniki; 2. Die römische Eroberung; 3. Byzantinisches Thessaloniki; 4. Venezianische Herrschaft; 5. Die Osmanische Zeit; 6. Die messianische Bewegung von Schabbatai Zwi; 7. Die neue Renaissance; 8. Von der Befreiung (1912) zum Holocaust; 9. Das große Feuer von 1917; 10. Vom Feuer von 1917 zum Holocaust; 11. Der Krieg von 1940/41: Der Holocaust; der 12. Zeitabschnitt wäre dann der von 1945 bis heute. Diese 12 Perioden werden hier auf neun verkürzt, wie am Inhaltsverzeichnis ersichtlich.

1. Griechisch-jüdische Antike

Thessaloniki galt einmal als "sephardische Metropole",[2] als "Jerusalem des Balkans",[3] und die berühmte "Mutter Israels"[4] ist wohl so alt wie die Stadt selbst, nämlich mehr als 2300 Jahre. "Bibelfeste" Christenmenschen erinnern sich an die Apostelgeschichte, Kapitel 17:

---

[2] Jewish Community of Thessaloniki, the Simon Marks Museum of the Jewish History in Thessaloniki, S. 2 (siehe Literatur S. 49 ff.).

[3] Vgl. Jacques Stroumsa, Geiger in Auschwitz – Ein jüdisches Überlebensschicksal in Saloniki. Konstanz 1993, S. 25.

[4] Vgl. Béatrice Leroy 1997, S. 164; Gilles Veinstein in: I.K. Hassiotis 1997, S. 579 ff.

"1. Nachdem sie aber durch Amphipolis und Apollonia gereist waren, kamen sie gen Thessalonich; da war eine Judenschule" ("Synagoge der Juden" im Originaltext), heißt es in der Übersetzung Martin Luthers: "2. Wie nun Paulus gewohnt war, ging er zu ihnen hinein und redete mit ihnen an drei Sabbaten aus der Schrift, 3. tat sie ihnen auf und legte es ihnen vor, daß Christus[5] mußte leiden und auferstehen von den Toten, und daß dieser Jesus, den ich [sprach er] euch verkündige, ist der Christus. 4. Und etliche (einige) unter ihnen fielen ihm zu und gesellten sich zu Paulus und Silas, auch der gottesfürchtigen Griechen eine große Menge, dazu der vornehmsten Weiber nicht wenige. 5. Aber die halsstarrigen Juden neideten (Da wurden die Juden eifersüchtig) und nahmen zu sich etliches boshafte Männer Pöbelvolks, machten eine Rotte und richteten einen Aufruhr in der Stadt an und traten vor das Haus Jarsons und suchten sie zu führen vor das Volk. 6. Da sie aber sie nicht fanden, schleiften sie den Jarson und etliche Brüder vor die Obersten der Stadt und schrien: Diese, die den ganzen Weltkreis erregen, sind auch hergekommen; 7. die beherbergt Jarson. Und diese alle handeln wider des Kaisers Gebote, sagen, ein anderer sei der König, nämlich Jesus. 8. Sie bewegten aber das Volk und die Obersten der Stadt, die solches hörten. 9. Und da ihnen Genüge von Jarson und den anderen geleistet war, ließen sie sie los. 10. Da die Brüder aber fertigten alsobald ab bei der Nacht Paulus und Silas gen Beröa (Veroia, Veria, ERW). Und da sie dahin kamen, gingen sie in die Judenschule ("Synagoge der Juden"). 11. Diese aber waren edler denn die zu Thessalonich; die nahmen das Wort auf ganz willig und forschten täglich in der Schrift, ob sich's also verhielte. 12. So glaubten nun viele aus ihnen, auch der griechischen ehr-

[5] Vgl. Schalom Ben-Chorin 1977.

baren Weiber und Männer nicht wenige. 13. Als aber die Juden von Thessalonich erfuhren, daß auch zu Beröa das Wort Gottes von Paulus verkündigt wurde, kamen sie und bewegten auch allda das Volk. 14. Aber da fertigten die Brüder Paulus alsobald ab, daß er ginge bis an das Meer; Silas aber und Timotheus blieben da. 15. Die aber Paulus geleiteten, führten ihn bis gen Athen."

Daraus und aus den beiden Briefen des Apostels Paulus (von Ende anno 50, Anfang 51) ergibt sich, daß dieser im Jahre 53 (bzw. 49 oder 52) unserer Zeitrechnung in Thessaloniki bereits eine jüdische Gemeinde vorgefunden hatte, weshalb hier die zweite Christengemeinde (nach Philippi, nordöstlich von Thessaloniki, bei Kavala) überhaupt entstehen konnte. – Daß er wohl bei weitem nicht alle überzeugte, zeigt die Tatsache, daß sie ihn "sofort noch in der Nacht" aus der Stadt schickten, ebenso wie seine scharfe Reaktion im zweiten Brief an die Thessalonicher: "14. So aber jemand nicht gehorsam ist unserem Wort, den zeiget an durch einen Brief, und habt nichts mit ihm zu schaffen, auf daß er schamrot werde; 15. doch haltet ihn nicht als einen Feind, sondern mahnet ihn als einen Bruder." (2 Thessalonicher 3,14 u. 15)

Schon aus damaliger jüdischer Sicht war also St. Paulus wohl einer der ersten "Ketzer" des Judentums und wahrscheinlich derjenige, der "den Bruch mit dem Judentum herbeigeführt" hat, er wandte sich Nathan Peter Levinson zufolge jedoch "nicht gegen das eigene Volk. Im Gegenteil: Er betrachtete sich als Jude..."[6] – Übrigens liegt Veroia (Veria), wohin Paulus von Thessaloniki aus geflohen war, ca. 50 km westlich dieser Stadt, das dortige erhaltene kleine jüdische Viertel wurde erst in den letzten Jahren sehr schön saniert und restauriert, und die dortige Synagoge ist womöglich auf

[6] Nathan Peter Levinson 2001, S. 26 f.; vgl. dazu Schalom Ben-Chorin 1980.

europäischem Boden die einzig erhaltene, in der Paulus tatsächlich gepredigt hat. 1940 gab es übrigens noch ca. 850 Juden in Veria, 1948 wieder 111, seit 1960 keine mehr.[7]

Thessaloniki (d.h. "Sieg der Thessalier") war 316 v.u.Z. von Kassander gegründet und nach seiner Frau, der Schwester Alexanders des Großen (356–323 v.u.Z.) benannt worden (und wieder seit 1937; in Deutschland, England, Frankreich, Italien, der Türkei und anderen Ländern blieb die Kurzform Saloniki, Salonika, Salonica etc. gebräuchlich). Es könnte durchaus sein, daß Juden hier schon von Anfang an lebten, sicher wird jedoch angenommen, daß Juden im Jahre 140 v.u.Z. aus Alexandria nach Thessaloniki gekommen sind (vielleicht aber eben auch schon früher).

Der Prophet Joel beklagte vermutlich im 4. Jahrhundert v.u.Z., d.h. der Zeit des Zweiten Tempels (vielleicht aber auch schon früher), die Versklavung der Juden in Griechenland (Joel 4,6), in der hebräischen Bibel als "Javán" (Jonien) bekannt.[8] In vielen Städten Griechenlands und auch auf den Inseln hat es jüdische Gemeinden gegeben, die sich wohl nach dem Sieg des Christentums (325) verminderten, jedoch vermutlich durch die Zeiten weiterexistierten, auch wenn sehr wenig darüber bekannt ist. 146 v.u.Z. wurde Thessaloniki römisch und Hauptstadt der Provinz Macedonia.

2. Römisch-Byzantinisches

Die jüdische Gemeinde von Thessaloniki dürfte während der römischen und byzantinischen Zeit eine gute Entwicklung genommen haben, die Römer garantierten die Autonomie der

---

[7] Encyclopaedia Judaica. Jerusalem 1971, Vol. 16, S. 112/113.

[8] 1 Mose 10: 2,4; 1 Chron. 1: 5,7; Encycl. Judaica. Jerusalem 1971, Vol. 9, S. 1301 f.

Gemeinde, und die Juden haben vermutlich intensive Handelsbeziehungen in viele Teile der damaligen Welt entwikkelt. Die Juden trugen griechische Namen und sprachen Griechisch, die *Koiné,* die *lingua franca* der ganzen damals bekannten Welt. Erst in der römischen Kaiserzeit wurde der Hafen gebaut. In der Spätantike hatte Kaiser Galerius (ca. 250–311; seit 293 Caesar, seit 305 Augustus) hier seine Residenz. Im 3. Jahrhundert gab es germanische Einfälle.

Nach der Teilung des römischen Reiches im Jahre 395 wurde Thessaloniki nach Konstantinopel die zweitwichtigste Stadt des oströmischen Reiches. Die byzantinischen Herrscher waren gegenüber den jüdischen Gemeinden feindlich eingestellt und betrieben ihre Christianisierung. Konstantin der Große (306–337) und Theodosius II. (408–450) erließen antijüdische Gesetze. Justinian I. (527–565) und Heraclius (610–642) behinderten die Erfüllung jüdischer Pflichten. Im 6. und 7. Jahrhundert hat es slawische Attacken gegeben.

Leo III. (717–741) zwang die Juden zur Konversion oder Emigration,[9] aus dem Jahre 723 sind Verfolgungen bekannt, und nachdem Kaiser Basilius I. (866–886) 868 die Zwangstaufe der Juden angeordnet hatte, flüchteten viele nach Süditalien. 904 wurde die Stadt durch die Sarazenen erobert, im Verlauf des 10. Jahrhunderts ist auch wieder eine jüdische Bevölkerung in Griechenland nachweisbar. 1185 wurde Thessaloniki durch sizilische Normannen zerstört, 1204, während des 4. Kreuzzugs also, Hauptstadt eines fränkischen Königreichs.

Im Jahre 1169 (1170, 1173) gab Benjamin aus Tudela eine fast vollständige Aufzählung der damaligen jüdischen Gemeinden in Griechenland: In Thessaloniki fand er 500 jüdi-

---

[9] Encycl. Judaica, Jerusalem 1971, Vol. 14, S. 699.

sche Familien, was 2000 bis 3000 Menschen oder mehr ausmachen konnte. Alexius I. war als einer der wenigen Herrscher freundlich zu den Juden und erließ während des 1. Kreuzzugs (1196–1199) den Juden alle Steuern. Dies könnte jedoch entweder bedeuten, daß die Juden keine Steuern zahlen konnten, oder daß der Herrscher sie dadurch für sich gewinnen und jede Annäherung an die Kreuzfahrer verhindern wollte.

Im 13. Jahrhundert hatten die dortigen Juden unter den verschiedenen Herrschaften oft zu leiden. Im 13. und 14. Jahrhundert gab es jüdische Zuzüge aus Deutschland, Frankreich, Italien und Polen. Ab 1246 gehörte die Stadt wieder zum Byzantinischen Reich, in der zweiten Hälfte des 14. Jahrhunderts kamen ungarische Juden. Nachdem Thessaloniki 1423 im Kampf gegen die Osmanen Venedig unterstellt worden war, wurden die Juden mit starken Steuern belastet, denen sie jedoch gewachsen gewesen zu sein scheinen.

3. Im Osmanischen Reich

Im Jahre 1430 wurde Thessaloniki vom türkischen Sultan Murad II. erobert,[10] die griechische Bevölkerung deportiert oder getötet; kurze Zeit später erreichten Wellen jüdischer Emigranten die Stadt: 1470 kamen deutsche Juden und gründeten eine aschkenasische Gemeinde mit dem Namen "Frank" oder "Frankfourt",[11] die bis zum Beginn des 20. Jahrhunderts existierte.

Nach ihrer Vertreibung aus Spanien und Portugal kamen ab 1492/93 und 1496 ca. 20.000 jüdische Flüchtlinge in diese

---

[10] Vgl. Evangelia A. Varella in: I.K. Hassiotis 1997, S. 557 ff.

[11] Jüdisches Lexikon 1930, S. 61.

Stadt[12] mit (50.000 Einwohnern), die ihre eigene Sprache, nämlich Judeo-Spanisch, Spaniolisch bzw. Ladino (samt Literatur und Poesie!), und ihre eigenen Trachten und Traditionen mitbrachten und selbstverständlich eigene Gemeinden gründeten.[13] "Mutter Israels" wurde die Stadt alsbald genannt, weil von hier viele Pilger nach Jerusalem zogen und der jüdischen Ansiedlung in "Erez Israel", im Land der Väter, neuen Auftrieb gaben, was besonders für die Stadt Zfat im Norden Israels gilt, wo 1575 der berühmte Josef Caro starb.[14]

Das Osmanische Reich hatte seine Tore weit geöffnet, und Sultan Bayazid II. soll 1492 ironisch gesagt haben: "Sie nennen Ferdinand einen weisen König, ihn, der seine Länder beraubt, um meine zu bereichern!"[15] Ca. 300.000 Menschen sollen davon betroffen gewesen sein.[16] Und: "Die Juden (im Gegensatz zu den vertriebenen Arabern, ERW) haben das Bewußtsein ihrer spanischen Vergangenheit bewahrt", so Valeriu Marcu: "Noch heute (1934, ERW), 4½ Jahrhunderte nach ihrem Auszug, sprechen sie die Sprache ihrer Heimat, die sie nicht haben wollte: in Amsterdam, New York, Konstantinopel, Saloniki..."[17] Nicht zuletzt haben sie auch ihre spanischen Namen behalten, und zwar bis heute. Die aschke-

[12] Vgl. Yannis Megas 1993, S. 17 u. 21; auch sog. "Marranos" kamen, zwangsgetaufte Juden, die jedoch ihrem alten Glauben weiterhin treugeblieben waren.

[13] Vgl. dazu auch Maria Efthymiou in: I.K. Hassiotis 1997, S. 105 ff.; Shmuel Refael in: I.K. Hassiotis 1997, S. 433 ff.; es wird von 40 verschiedenen Kongregationen und Synagogen berichtet.

[14] B. Leroy 1987, S. 164 u. 171; im Juli 2001 habe ich in Zfat zusammen mit meinem Freund Ben Ami Feit noch viel alte Atmosphäre erleben können.

[15] B. Leroy 1987, S. 164.

[16] Y. Megas 1993, S. 17.

[17] Valeriu Marcu 1991, S. 193 u. 195 f.

nasischen Juden in Thessaloniki wurden von den Sephardim fast völlig absorbiert.[18]

"Sephard" war ja ursprünglich die Bezeichnung einer Region im Nahen Osten, wohin Juden nach der Zerstörung des ersten Tempels (586 v.u.Z.) deportiert worden waren. Im Mittelalter wurde der Begriff auf Spanien übertragen: Juden scheinen bereits in den letzten Jahrhunderten vor unserer Zeitrechnung nach Spanien gekommen zu sein und führten dort die Tradition des babylonischen Judentums fort. Darüber hinaus haben sie arabische Wissenschaft und griechische Philosophie (Aristoteles) in die europäische Tradition weitervermittelt.[19] In Thessaloniki schrieb Salomon iben Verga 1536 *'Shebet Jeuda'* ('Der Stamm Juda') und Josef ha-Cohen *'Emek ha-Barkha'* ('Das Tal der Tränen'): Glanz und Elend der Juden in "Sephard", in Spanien.[20]

Man nimmt an, daß im Jahre 1553 ca. 20.000 Juden in Thessaloniki lebten, und das 16. Jahrhundert gilt in geistiger wie in ökonomischer Hinsicht als ihr "goldenes Zeitalter".

Unter den bedeutendsten sephardischen Flüchtlingen werden genannt: Ephraim Caro und sein Sohn Josef, der Verfasser des "Schulchan Aruch" in Saloniki (hebräisch "Gedeckter Tisch", berühmtes halachisches Kompendium, 1568 unter dem Titel 'Mesa del Alma' ['Der Tisch der Seele'] auf Spaniolisch erschienen), der Arzt Salomon ben Chabib, Abraham Chazan, Don Juda Benveniste, welcher der Stadt seine Bibliothek schenkte, Jakob ibn Chabib und andere. Bald gab es große Jeschiwót (jüdische Hochschulen) und andere wissenschaftliche Einrichtungen.

---

[18] B. Leroy 1987, S. 164.

[19] Vgl. B. Leroy 1987, S. 15 ff.; The New Standard Jewish Encyclopedia 1992, S. 845 f.

[20] Vgl. B. Leroy 1987, S. 108.

Aus Spanien hatten die Flüchtlinge ihre hohe Kompetenz im Druckereiwesen mitgebracht, das ab 1515 bedeutende Werke produzierte. Für die damalige türkische Welt eine wichtige Neuerung, da nur handschriftliche Kopien bekannt waren. Der hohe Stand der Druckereikunst hing natürlich mit dem Bedürfnis nach Verbreitung der heiligen Schriften zusammen. Später (und schon früh) war auch das Zeitungswesen entwickelt.[21]

Das jüdische Leben geriet alsdann immer mehr unter den Steuerdruck der türkischen Sultane: Kaufleute hatten nicht weniger als 19 verschiedene Steuern zu zahlen, so daß eine beträchtliche Auswanderung begann, aber auch große Hoffnungen entstehen konnten: Schon 1525 hatte David Rubeni in Thessaloniki das baldige Kommen des Messias verkündet, der durchaus bald kuriosere Nachfolger finden sollte. Das 17. und 18. Jahrhundert gelten als wechselhaft für das jüdische Leben. Nicht zuletzt vernichteten ausgedehnte Brände anno 1545 und 1620 die jüdischen Stadtviertel.

Auf andere Weise tragisch war der Besuch Sabbatai Zwi's aus Smyrna 1659 in Thessaloniki, der sich für den Messias hielt und die Judenheit spaltete.[22] Ähnliche Probleme gab es später mit Jakob Frank (1726–1791).[23] Die Stadt blieb jedoch ein Zentrum jüdischer Studien und ein Hort der *Halacha* (hebräisch "Gehen, Wandeln"), des jüdischen Religionsgesetzes.

Erst seit dem 18. Jahrhundert gab es in Thessaloniki auch wieder eine griechische Bevölkerung. Mitte des 19. Jahrhunderts begann eine Art jüdischer Renaissance in der Stadt, die

[21] Vgl. B. Leroy 1987, S. 166 u. 157 ff.

[22] Vgl. B. Leroy 1987, S. 174 ff.; vgl. N.P. Levinson 2001, S. 77 ff.

[23] Vgl. N.P. Levinson 2001, S. 85 ff.

bis 1918 dauerte. Ende des 19. und zu Beginn des 20. Jahrhunderts wurden ein neuer Hafen gebaut und die Stadt vergrößert. Die mehr als 75.000 Juden, d.h. mehr als die Hälfte der Gesamtbevölkerung der Stadt, waren eine komplette Gesellschaft für sich, und zwar mit einer enormen Diversität sozialer Schichten, von Lebensstilen und Berufen. Es gab Reiche und sehr Reiche, die Mehrheit war jedoch arm bis sehr arm. 1873 gründete die Alliance Israélite Universelle eine erste Schule, die Verwestlichung des Lebens begann.

Im Jahre 1900 lebten in Thessaloniki etwa 80.000 Juden unter einer Gesamtbevölkerung von ca. 173.000. Als 1908 die Jungtürken (Mustafa Kemal "Atatürk" stammte aus Thessaloniki!) gegen Sultan Abdül Hamid II. (den Theodort Herzl durch den deutschen Kaiser Wilhelm II. von einer jüdischen Heimstätte im damals türkischen Palästina überzeugen wollte)[24] revoltierten, waren auch viele Juden dabei. Gleichzeitig kamen die ersten zionistischen Organisationen in die Stadt.[25]

Die Jungtürkische Revolution brachte ein neues, wenn auch kurzes "goldenes" Zeitalter für die Juden in Thessaloniki,[26] die in fast allen Berufen zu finden waren: Kaufleute, Rechtsanwälte, Ärzte, Lehrer, Handwerker, Tabakarbeiter, Fischer und besonders die *Hamals (los hamales),* Lastenträger auch im Hafen, waren bekannt.[27]

Bald bildeten die Juden sogar die Majorität der städtischen Bevölkerung, der Schabbat (Samstag) galt allgemein als Ruhetag, an dem die Banken geschlossen blieben und die Arbeit im Hafen ruhte.[28] Damals gab es eine große jüdische Biblio-

---

[24] Vgl. E.R. Wiehn 1998, S. 73; A. Meier 1998; B. Gümüs 2001.

[25] Vgl. Rena Molho in: I.K. Hassiotis 1997, S. 327 ff.

[26] Vgl. aber Evangelos A. Hekimoglou in: I.K. Hassiotis 1997, S. 175 ff.

[27] Vgl. Yannis Megas 1993, S. 57 ff., 78f., 127 f.

[28] Vgl. Y. Megas, 1993, S. 17.

thek, über 30 Synagogen,[29] das vorbildliche Baron-Hirsch-Hospital, jüdische Apotheken, eine Waisenfürsorge und viele jüdische Vereine.[30] Es gab und gibt eine ganze Reihe griechischer Schriftsteller jüdischer Herkunft, darunter Baruch Schiby aus Thessaloniki.[31]

4. Im neuen Griechenland

Im Jahre 1912 wurde Thessaloniki von der griechischen Armee eingenommen und dem neuen Königreich Griechenland einverleibt.[32] König Georg I. zufolge sollten die Juden und alle anderen Minoritäten dieselben Rechte haben wie die Griechen. 1915 standen britische und französische Truppen hier. 1917 zerstörte ein großes Feuer weite Teile der Stadt und machte 50.000 Juden obdachlos.[33]

1918 wurde die türkische Bevölkerung im Rahmen des griechisch-türkischen "Umsiedlungsprogramms" nach Anatolien "ausgesiedelt", gleichzeitig kamen viele Balkan-Griechen in die Stadt.[34] 1922 wurde Sonntagsarbeit gesetzlich verboten, 1932–1934 gab es antisemitische Aktionen. 1935 lebten ca. 60.000 Juden in Thessaloniki.

---

[29] Vgl. Thalia S. Mantopoulou-Panagiotopoulou in: I.K. Hassiotis 1997, S.304ff.

[30] Vgl. Matilde Morcillo Rosillo in: I.K. Hassiotis 1997, S. 351 ff.

[31] Vgl. Encycl. Judaica, Vol. 7, S. 900 f .

[32] Vgl. Athanassios E. Karathanassis in: I.K. Hassiotis 1997, S. 223 ff.; Kostas E. Skordylès, S. 501 ff.*; Michael Martens; "Thessaloniki beherrschen – Griechenlands irrationale Angst vor Mazedonien hat einen historischen Kern", in: Frankfurter Allgemeine Zeitung, Nr. 35, 10. Februar 2018, S. 8.*

[33] Vgl. dazu Vilma Hastaoglou-Martinidis in: I.K. Hassiotis 1997, S. 147 ff.; Yannis Megas 1993, S. 130.

[34] Nach der Niederlage Griechenlands in Kleinasien 1922 wurde im Friedensvertrag von 1923 ein "Völkeraustausch" beschlossen (1923–1926), da beide Völker bis dahin sehr vermischt lebten (Hinweis von Rudolf Amariglio).

Im signifikanten Zeitzeugnis einer griechischen Jüdin des 20. Jahrhunderts, unter dem Titel *Damit es die ganze Welt erfährt* (Konstanz 1996) in deutscher Sprache erschienen und eine der sehr wenigen Holocaust-Schriften aus Griechenland in Deutschland überhaupt, schildert Erika Myriam Kounio-Amariglio zunächst ihre glückliche Kindheit in Thessaloniki: Vater Salvator betreibt ein Fotogeschäft und lernt auf der Leipziger Fotomesse die Medizinstudentin Hella Löwy aus Karlsbad kennen, die er 1925 dort heiratet. Hellas Vater ist Dr. Ing. und Architekt, die Mutter eine gebildete Wienerin, die Tochter ist in Wien und Karlsbad aufgewachsen, es handelt sich um eine gutbürgerliche, gutsituierte jüdische Familie. Das junge Paar bewohnt in der damals schönsten Lage Thessalonikis am Meer ein eigenes Haus.

Ende März 1926 wird Erika Myriam geboren, zwei Jahre später ihr Bruder Heinz. Erika wächst nicht nur mit dem nahen Meer auf, sondern auch in einer deutsch-jüdisch-griechischen Kultur samt den entsprechenden Sprachen: die Muttersprache ist Deutsch, die Vatersprache Griechisch. Die jüdische Kultur ist ihrerseits ebenfalls gemischt; denn auf Mutter Hellas Seite handelt es sich um die liberale aschkenasische Tradition, auf Vater Salvators Seite jedoch um die sephardische Tradition. Vaters Mutter, Großmutter Myriam trägt noch die traditionelle Kleidung der sephardischen Frauen, natürlich werden alle wichtigen religiösen Feste gehalten, die Klänge des Ladino, des 'Jiddischen' der südeuropäischen Juden im Ohr. Der Kontrast der Besuche bei den Großeltern mütterlicherseits in Karlsbad[35] kann kaum größer sein, für Erika freilich überhaupt kein Problem, da sie beide Welten liebt und genießt. Die herrlichen Ferien im Sommer 1937

[35] Vgl. dazu Felix H. Oestreicher 2000.

sollten jedoch die letzten gewesen sein, wie sich allzu bald zeigt.

Dr. Jacques Stroumsa, neben Erika Kounio-Amariglio ein weiterer, wichtiger Zeitzeuge aus Thessaloniki (der nach dem Zweiten Weltkrieg allerdings nicht mehr in seiner Geburtsstadt seßhaft wurde), beschreibt besonders eindrucksvoll seine Kindheit und Jugend in Saloniki, sein Studium in Paris, seinen Militärdienst daheim und den Anfang seines Berufslebens: "Meine im Goethe-Institut erworbenen Kenntnisse der deutschen Sprache halfen mir sehr...; ich vervollständigte mein Deutsch noch durch weitere Abendkurse."[36] Freilich konnte der junge Jacques damals noch nicht wissen, wofür seine Sprachkenntnisse einmal gut sein sollten, von seiner musikalischen Begabung und seiner Liebe zur Violine einmal ganz abgesehen. Damals hatte der junge Mann dann auch geheiratet: "... ein Beweis dafür, daß wir uns um die Zukunft keine besonderen Sorgen machten."

5. Zum Zweiten Weltkrieg

Im Jahre 1924 war Griechenland Republik geworden, im November 1935 hatte sich eine große Mehrheit für die Wiederherstellung der Monarchie ausgesprochen, König Georg II. kehrte nach Griechenland zurück, 1936 wurde General Joannis Metaxas zum Ministerpräsidenten ernannt, der nach einem Staatsstreich die Diktatur einführte und sowohl mit Hitler-Deutschland als auch mit Mussolinis Italien sympathisierte.

Erika hörte im Laufe des Jahres 1938 in den Gesprächen ihrer Eltern nun öfter den Namen Hitler, besorgt verfolgt man die unglaublichen Nachrichten aus Deutschland und die der

[36] Jacques Stroumsa, 1993, S. 21 ff., 30, 32.

BBC. Instinktiv spürt das 12-jährige Mädchen, daß sich eine dunkle Wolke über ihnen zusammenbraut. 1939 werden die Eltern noch nachdenklicher, und eines Tages kommen die Eltern der Mutter zur Tochter nach Griechenland, als Flüchtlinge mit nur je einem Koffer in der Hand. Am 1. September 1939 überfällt die deutsche Wehrmacht Polen,[37] 1940 werden große Teile Westeuropas besetzt, Ende Oktober 1940 kommt der Krieg auch nach Griechenland. "Das Land der Griechen mit der Seele suchend", heißt es in Goethes *Iphigenie,* und das war gewiß anders gemeint.

Im April 1939 hatte Italien Albanien besetzt, und König Sogu war nach Thessaloniki geflüchtet. Im August 1939 wurde der griechische Kreuzer "Elli" im Hafen der Insel Tinos von der italienischen Marine torpediert, worauf Griechenland aber nicht reagierte. Am 28. Oktober 1940 wurde Griechenland von italienischen Streitkräften angegriffen, die jedoch zurückgeschlagen wurden. Deutsche Truppen gab es schon in Bulgarien, welches mit Deutschland verbündet war. Für die deutsche Wehrmacht war es ein Katzensprung, Albanien zu überrennen und in Griechenland einzufallen, was am 6. April 1941 geschah, um die südliche Flanke für den geplanten Überfall auf die Sowjetunion freizuhalten.

Am 9. April 1941 marschiert die deutsche Wehrmacht in Thessaloniki ein; durch ein umfangreiches Luftlandeunternehmen wurde am 20. Mai 1941 auch Kreta erobert. Griechenland wurde in drei Besatzungszonen aufgeteilt: Die Deutschen besetzten Teile Nord- und Nordostgriechenlands sowie Teile der Peloponnes, die Italiener Mittelgriechenland und Athen, Teile Nordgriechenlands wurden von Bulgarien

[37] Vgl. E.R. Wiehn (Hg.) 1999.

annektiert; im September 1943 übernahmen die Deutschen auch die italienisch besetzten Gebiete samt Athen.

Mit den Streitkräften war übrigens auch die jüdische Jugend Griechenlands mobilisiert worden: Die Juden hatten ja gleiche Rechte wie alle Bürgerinnen und Bürger und daher auch gleiche Pflichten. Etwa 13.000 jüdische Soldaten sollen in der Armee gekämpft haben, darunter 340 Offiziere.[38] Voller Hochachtung erwähnt Jacques Stroumsa seinen Kommandanten, der nach dem Ende der Kämpfe gegen die deutsche Wehrmacht alle jüdischen Soldaten zu sich rief und etwa folgendes sagte: "Griechische Soldaten jüdischer Herkunft! Wir wissen, daß die Deutschen uns nicht lieben; um jeden Preis wünschen wir aber, daß ihr wieder gesund heimkommt. Deshalb bitten wir euch, vorübergehend griechische Namen und Vornamen anzunehmen; wir werden euch Ausweise mit den von euch selbstgewählten Namen geben!"[39]

Am 9. April 1941 hatten die Deutschen in Thessaloniki ca. 49.000 (1940) Juden unter ihre Herrschaft gebracht.[40] Etwa 3½ Jahre blieb die Stadt von der deutschen Wehrmacht besetzt, und zwar vom 9. April 1941 bis zum 30. Oktober 1944: "Wie zu erwarten stand, mußten vor allem die Juden das Martyrium der Besatzung erleiden", so Jacques Stroumsa[41], aber nicht nur das: In diesen 3½ Jahren haben die Deutschen ein jüdisches Leben mit einer Geschichte von 2257 Jahren zerstört. Deshalb erscheint diese winzige Spanne (ca. 0,001%) der Gesamtgeschichte wichtig genug, um hier entsprechend zur Sprache gebracht zu werden, auch weil diese

---

[38] J. Stroumsa 1993, S. 31; auch hier bin ich für wertvolle Hinweise Rudolf Amariglio sehr dankbar.

[39] J. Stroumsa 1993, S. 31.

[40] Vgl. E. Jäckel et al. 1995, Band III, S. 1274; Encycl. Judaica 1971, Vol. 14, S. 704.

[41] J. Stroumsa 1993, S. 32.

einzigartige Barbarei bis heute von deutscher Seite in Thessaloniki - erstaunlich oder nicht - keinerlei angemessene Würdigung gefunden hat.

Ein bei den Kounios einquartierter deutscher Offizier und seine Ordonnanz stören überraschenderweise kaum. Bereits im April 1941 werden jüdische Archive und Bibliotheken konfisziert. Spätestens Ende 1941 kommt der Hunger, doch im Sommer 1942 wird es dann wirklich ernst.[42]

Mit Dr. Jacques Stroumsa kann man drei Perioden der deutschen Besatzung unterscheiden: In der ersten Periode vom 9. April 1941 bis 11. Juli 1942 kam es sofort zu ersten antijüdischen Maßnahmen: Schon eine Woche nach dem Einmarsch der Deutschen wurden jüdische Honoratioren verhaftet, jüdische Wohnungen konfisziert, das jüdische Hospital von der deutschen Wehrmacht beschlagnahmt, drei jüdische Zeitungen verboten.

Im April und Mai 1941 plünderte der "Einsatzstab Rosenberg" die 500 Jahre alten jüdischen Literatur- und Kunstschätze in privaten und öffentlichen Bibliotheken und Synagogen der Stadt. Vieles wurde nach Frankfurt a.M. geschafft, wo eine "Bibliothek für die Erforschung des Judentums" aufgebaut werden sollte.

Dann blieb es zunächst ziemlich ruhig, und die jüdische Gemeinde kämpfte vor allem um die Lebensmittelversorgung. Im eisigen Winter 1941/42 starben ca. 600 Menschen durch Kälte und Krankheiten.[43]

[42] Vgl. Eberhard Jäckel et al. 1993, S. 558 ff.

[43] Vgl. E. Jäckel et al., Band III, S. 1274 f.

6. Grausame Deportationen

Die zweite Periode der deutschen Besatzung kann man für die Zeit vom 11. Juli 1942 bis 25. Februar 1943 datieren, und die Ankunft von SS-Hauptsturmführer Dieter Wisliceny und Alois Brunner aus Adolf Eichmanns "Amt" Anfang Februar 1943 markiert den Anfang der systematischen Vernichtung der Juden Thessalonikis. Es begann mit der Einziehung der Radioapparate, Telefonverbot, Verbot der Benutzung öffentlicher Verkehrsmittel, Ausgangssperre von 18 bis 6 Uhr, Zwang, den "gelben Stern" zu tragen.

Am 11. Juli 1942, 9 Uhr früh, mußten sich alle jüdischen Männer im Alter von 16 bis 45 Jahren auf dem "Freiheitsplatz" einfinden. Mehr als 9000 Männer waren diesem Befehl gefolgt, mußten demütigende "Gymnastik" betreiben, es gab Schläge. 2000 (oder mehr)[44] wurden als Zwangsarbeiter für die Wehrmacht bzw. die 'Organisation Todt'[45] rekrutiert. Bis Oktober 1942 waren bereits 250 von ihnen durch diese Zwangsarbeit gestorben.

Die jüdische Gemeinde versuchte, ihre jungen Männer von den Deutschen freizukaufen; es wurde in Thessaloniki und Athen gesammelt, den Rest erbrachte der Verkauf des 500 Jahre alten Friedhofs (mit ca. 500.000 Gräbern) an die Stadt, die diesen umgehend zerstörte und an seiner Stelle eine neue Universität errichtete.[46] Im Dezember 1942 wurde Oberrabbiner Zwi Koretz (der später sehr umstritten beurteilt werden sollte) Vorsitzender des neuen Judenrates.

---

[44] Vgl. E. Jäckel et al. 1995, Band I, S. 560.

[45] OT, "1938 gebildete und nach ihrem Gründer, dem Ingenieur Fritz Todt (1891–1942), benannte Organisation zur Durchführung weitreichender Hoch- und Tiefbauarbeiten im Nationalsozialistischen Deutschland, hauptsächlich im Rüstungssektor." (E. Jäckel et al. 1995, Band II, S. 1071 f.)

[46] Vgl. Y. Megas 1993, S. 146 ff.

Eines Tages durchsucht deutsche Polizei Erikas Elternhaus und verhaftet die Eltern, die erst im September 1942 wieder freikommen. Diesmal handelt es sich noch um eine Art Mißverständnis bzw. falschen Verdacht, weil der Sohn eines deutschen Freundes als Besatzungssoldat die Familie Kounio besucht, der seinerseits bereits unter Beobachtung steht und später als Hitler-Gegner zum Tode verurteilt wird.

Wohl im November 1942 erfährt man durch die Nachrichten der BBC erstmals von Massenmorden an Juden in Polen. Am 8. Februar 1943 wird bekannt, daß die *Nürnberger Gesetze* (15.09.1935)[47] jetzt auch in Griechenland gelten, und schon am nächsten Tag müssen alle den gelben Stern tragen.

Dann muß Familie Kounio ihr Haus verlassen, die Ghettoisierung beginnt. Die SS befiehlt, sich nur mit dem notwendigsten persönlichen Bedarf im Stadtbezirk 'Baron Hirsch' beim Bahnhof einzufinden. Bald werden alle in die bekannten ziegelroten Viehwaggons gepfercht (siehe Umschlagrückseite!).

Bereits ab 25. Februar 1943 werden Juden im Baron-Hirsch-Viertel beim Bahnhof konzentriert. Am 10. März 1943 muß sich also auch Familie Kounio dort einfinden, Vater Salvator, Mutter Hella, Tochter Erika und Sohn Heinz. Am nächsten Tag sind bereits etwa 35 Waggons bereitgestellt. Die Menschen wissen noch nicht, was auf sie zukommt, und sie haben auch fast keine Chance, ihrem Unglück zu entkommen. Etwa 80% der jüdischen Bevölkerung Thessalonikis sind arm, sprechen damals besser spaniolisch als griechisch, haben sich unter der griechischen Bevölkerung also nur sehr schwer verstecken können.[48]

---

[47] Vgl. E.R. Wiehn 1997.

[48] Vgl. E.M. Kounio-Amariglio 1996, S. 55.

"Ich schaute mich um, ohne zu verstehen, was mit uns geschah", so Erika Kounio (-Amariglio): *"Stimmen, Schreie, Weinen, und in den weitgeöffneten Türen der Waggons verschwanden sie: Menschen verschwanden im Innern der Waggons, immer mehr und immer mehr... Und plötzlich hörte ich ein anderes lautes Geräusch: Sie begannen, die Türen der Waggons zu schließen und zu verriegeln!"*[49]

Ihre Deutsch-Kenntnisse sollten der Familie Kounio helfen, das kommende Inferno zu überleben: Im gesamten ersten Transport von 2800 Menschen waren sie nämlich die einzigen, die deutsch sprachen (ein reizvolles Thema für eine deutsche Buchmessen-Veranstaltung) und daher den Deutschen als Dolmetscher von Nutzen schienen, auch für die folgenden 17 weiteren Transporte nach Auschwitz (vgl. S. 48):

"20. März 1943. Wieder ein Halt. Aber diesmal wurden die Türen geöffnet. Wilde Schreie, auch Hundegebell und Gebrüll: 'Raus! Raus! Raus!' – Es war tiefe Nacht, große Scheinwerfer erhellten die Dunkelheit und blendeten uns: 'Steigt schnell aus!', schrien sie: 'Schnell! Schnell!' Aber keiner verstand, was los war. – Von der sechstägigen Reise benommen, gelähmt, hungrig, erschrocken, verzweifelt, versuchten alle aus den Waggons zu springen und warfen ihre Bündel und Koffer nach unten. Aufregung. Stimmengewirr. SS-Leute rannten hin und her mit einer Pistole oder einer Peitsche in der Hand: 'Los! Los! – Raus! Raus! – Schnell! Schnell!' – Die Hunde der SS bellten wütend und mit gefletschten Zähnen jaulten sie und versuchten, sich von ihren Leinen loszureißen, um sich auf uns zu stürzen. Ich erinnere mich, als wäre es jetzt, wie ich sie bestürzt anstarrte. Wie ein Blitz ging mir der Gedanke durch den Kopf: 'Wer ist wilder, die SS oder ihre Hunde?' ... – Fünfzig Jahre danach lese ich

[49] E.M. Kounio-Amariglio 1996, S. 57.

noch einmal den Vermerk, den die Deutschen selbst geschrieben hatten, und mich erfaßt dieselbe Resignation über dieses unglaubliche, fürchterliche, beispiellose Ereignis: '20. März 1943: Mit einem Transport des RSHA[50] *aus Griechenland sind etwa 2800 jüdische Männer, Frauen und Kinder aus dem Ghetto von Thessaloniki eingetroffen. Nach der Selektion werden 417 Männer (darunter mein Vater mit der Nummer 109564 und mein Bruder mit der Nummer 109565) ... sowie 192 Frauen ...', darunter meine Mutter mit Nummer 38911 und ich mit Nummer 38912"* zur Sklavenarbeit geschickt, um möglichst daran zu sterben.[51]

Hella Kounio dürfte im Jahre 2001 eine der ältesten Überlebenden überhaupt sein, die noch immer ihre KZ-Nummer auf dem Arm trägt und sich an Auschwitz erinnert, als sei es erst gestern gewesen.

7. Die Jahre in Auschwitz

Die dritte Periode der deutschen Besatzung kann man in der Zeit vom Februar bis August 1943 erblicken: Im Abstand von teils nur wenigen Tagen gingen 18 Transporte nach Auschwitz mit insgesamt 48.233 (Zahl der Deutschen, 45.620 Zahl der griech. Eisenbahn) Menschen, von denen die weitaus meisten sofort in die Gaskammern geschickt, die anderen zunächst noch als Arbeitssklaven benutzt wurden.[52]

---

[50] Vgl. Stefan Baumeister 2001.

[51] E.M. Kounio-Amariglio 1996, S. 59–61.

[52] Vgl. E.M. Kounio-Amariglio 1996, S. 152; E. Jäckel et al. 1995, Band III, S. 1275: mindestens 43.850; 11.200 überlebten die Selektionen, nämlich 4.200 Frauen und 7.000 Männer: "aber die meisten wurden später ermordet."

Jacques Stroumsa und seine Familie gerieten in den 16. Transport, welcher bei der Abreise aus 2500 Personen bestand und am 8. Juni 1943 in Auschwitz eintraf: 1685 Menschen wurden direkt in die Gaskammern geschickt, 815 Personen zunächst als Arbeitssklaven benutzt: *"Die Deportation ging mit unbeschreiblicher Grausamkeit vonstatten"*, so Jacques Stroumsa:

"Wir wurden in Viehwaggons gepfercht, ungefähr 80 Personen pro Waggon, Männer, Frauen, Greise, Kranke, Kinder. In jedem Waggon gab es einen einzigen Eimer mit Trinkwasser. Abgesehen von dem, was jede Familie mitnehmen konnte, etwa Trockenrosinen, getrocknete Feigen usw., gab es keine Lebensmittel. Im übrigen hatte die Eisenbahnverwaltung einen Kübel für jeden Waggon vorgesehen, der absolut nicht für die Notdurft so vieler Menschen ausreichte."[53]

Die Ankunft in Auschwitz am 8. Mai 1943 beschreibt Jacques Stroumsa ungefähr so wie Erika Kounio-Amariglio:

"Mein Bruder Guy half meinen Eltern und unseren Schwestern Julie und Bella aus dem Wagen heraus. Ich hielt mit einer Hand meine Frau Nora, die im 8. Monat schwanger war, und mit der anderen meine Violine. Heftige Schläge zwangen mich, beide loszulassen. Zunächst vertraute ich Nora ihrer Mutter an und lief dann zu meinem Vater, um ihm zu helfen und ihn zu schützen. Aber was konnte ich schon helfen? – Betäubt vom Geschrei, von der frühmorgendlichen Kälte überrascht, denn es war ja fast noch Nacht, geblendet durch das Scheinwerferlicht, waren wir plötzlich zum ersten Mal von unseren Frauen getrennt. Ich erinnere mich noch genau, daß wir zwischen den Gleisen taumelnd den Befehl bekamen, uns in zwei Gruppen aufzuteilen: Junge und Alte – und wie ich

---

[53] J. Stroumsa 1993, S. 38.

meinen Vater ein letztes Mal umarmte, ohne zu wissen, daß dies wirklich das letzte Mal war. …

Man schickte mich zu einer Baracke, wo ich plötzlich Dr. Maurice Samuelidis bemerkte, einen Freund aus Thessaloniki. Er war zwei oder drei Tage früher angekommen und arbeitete bereits als Arzt im Lager. Unbemerkt nahm mich Dr. Samuelidis zur Seite und versuchte, mir mit wenigen Worten zu erklären, daß wir uns in einem KZ befanden und was bereits mit meinen Eltern, meiner armen Frau Nora sowie der ganzen Familie geschehen sei oder gerade jetzt geschehe. Obwohl ich völlig fassungslos und mit vor Schreck weit aufgerissenen Augen dastand, fuhr Maurice unbeirrt mit der schrecklichen Beschreibung dessen fort, was hier in Birkenau geschah: 'Zu dieser Stunde', sagte er mir, 'sind deine Frau, deine Eltern und ihre Eltern bereits vergast, und bald werden sie in den Öfen des Krematoriums verbrannt. Die Jungen, die ins Lager kommen, haben eine Chance, eine kleine Chance herauszukommen, aber nur unter der Bedingung, daß sie niemals krank werden!' … – Ich hatte den Eindruck, daß mein Freund verrückt geworden war, daß er phantasierte!"[54]

Jacques Stroumsa erhielt die Häftlingsnummer 121097 auf den linken Unterarm tätowiert, überlebte tatsächlich zunächst als Geiger in Auschwitz, später als Diplom-Ingenieur in den "Weichsel-Union Metallwerken" in Auschwitz III.[55]

Erika und ihre Mutter Hella Kounio werden ins Büro der Politischen Abteilung von Auschwitz gebracht, wo sie nun als Dolmetscherinnen der Gestapo und als Buchhalterinnen des Todes arbeiten sollen.[56] Die Haare geschoren, ihre Nummer

---

[54] J. Stroumsa 1993, S. 36–41.

[55] J. Stroumsa 1993, S. 48 ff.

[56] E.M. Kounio-Amariglio 1996, S. 64.

auf dem Arm und in gestreifter Häftlingskleidung tragen sie auf der linken Seite des "Kleides" auf einem weißen Band ebenfalls die Nummer aufgedruckt, auf der rechten Seite ein gelbes und ein rotes Dreieck in Form eines Davidsterns übereinander, in der Mitte der Buchstabe G für Griechenland:[57]

"Die Politische Abteilung war die wichtigste Dienststelle der Deutschen. Dort kamen alle Befehle für das Lager an, und von dort wurden sie ausgegeben. Hier wurde alles genau festgehalten, was jeden Tag im gesamten Bereich des Konzentrationslagers Auschwitz-Birkenau geschah. Hier wurden die Listen mit den Namen aller zusammengestellt, die bei der Selektion ausgesondert und in die Gaskammern geschickt worden waren. Alle Befehle aus dem Reichssicherheitshauptamt (RSHA), alle Befehle über Exekutionen von Gefangenen, alle Verhöre, alles lief über die Politische Abteilung."[58]

Nach dem letzten Transport aus Thessaloniki am 8. Juni 1943 kommen Erika und Hella ins Stammlager Auschwitz I zurück; im Zusammenhang mit ihrer Tätigkeit sehen sie gerade als Augenzeuginnen kaum eine Chance, Auschwitz zu überleben. Denn Mutter und Tochter sind jetzt in der 'Todesabteilung' eingesetzt, d.h. sie müssen 'Sterbeurkunden' für jene Häftlinge schreiben, die vom Reichssicherheitshauptamt in Berlin aus verschiedenen Gefängnissen und Lagern nach Auschwitz geschickt und so oder so ermordet werden. Da bedeutet schon ein Schmetterling gewissermaßen Licht in der grausigen Dunkelheit des Lagers. Im übrigen ereignet sich das ganz Unwahrscheinliche: Es gibt ein Lebenszeichen von Vater und Bruder, die fast sogar in Sichtweite inhaftiert sind.

---

[57] E.M. Kounio-Amariglio 1996, S. 66.

[58] E.M. Kounio-Amariglio 1996, S. 69.

"Am 2. August 1944", so die *Enzyklopädie des Holocaust,* "waren 292 griechische Männer in Auschwitz I (dem Hauptlager), 929 Männer in Auschwitz II (Birkenau) und 517 Männer in Auschwitz III (Buna-Monowitz), dazu kamen 731 Frauen. Die meisten Frauen und Männer aus Saloniki, die Zwangsarbeit leisten mußten, starben an Kälte, Hunger, Typhus, Ruhr oder aufgrund von Mißhandlungen." 400 Juden aus Thessaloniki wurden wegen Verweigerung der Arbeit im "Sonderkommando" (Krematorium) vergast; im August 1943 wurden ca. 300 Juden aus Thessaloniki nach Warschau verbracht, um dort die Ruinen des im April und Mai 1943 zerstörten Ghettos zu beseitigen.[59]

"Unser Kommando nannten wir 'Himmelfahrtskommando'", so Erika Kounio-Amariglio, *"weil wir genau zu wissen glaubten, daß von dort niemand lebendig herauskommen würde, nicht wegen Strapazen und Hunger, sondern weil wir durch unsere Tätigkeit sehr wichtige Zeugen waren, genauso wie die, welche im Sonderkommando arbeiteten. Übrigens haben auch SS-Leute, die für uns verantwortlich waren, keine Gelegenheit ausgelassen, uns immer wieder daran zu erinnern, daß es für uns nur den geraden Weg gab: 'Durch Gaskammer und Schornstein!'"*[60]

"Eines Tages kam mein Kollege Willy Pajak aus dem Büro von Auschwitz und flüsterte mir zu: 'Griechenland ist frei! – Die Deutschen sind abgezogen!' (12.10.1944) Ich dachte, der Blitz hätte mich getroffen! Unglaublich, Griechenland war frei! Dann dürfte auch unsere Befreiung nicht mehr fern sein! Wie habe ich mich zurückgehalten, um ihn nicht zu umarmen und zu küssen! Bei der ersten Gelegenheit mußte ich es mei-

---

[59] Vgl. E. Jäckel et al. 1995, Band I, S. 563; E.R. Wiehn 1993.

[60] E.M. Kounio-Amariglio 1996, S. 77 u. 78.

ner Mutter erzählen! Welche Rührung, wie gerne hätte ich mehr Einzelheiten gewußt! Aber Griechenland war so weit..."[61]

Am Jom Kippur im Herbst 1944, am höchsten jüdischen Feiertag, wird die größte Selektion durchgeführt; doch die meisten betroffenen Frauen sind und bleiben gerade in dieser äußerst extremen Lebenssituation und bis zum Tode gläubige Menschen.

Mutter Hella und Tochter Erika erleben eine fortdauernde Schreckenszeit, geben dennoch ihre Überlebenshoffnungen nicht auf, und zwar trotz des geröteten Himmels über den Krematorien, trotz des Gestanks von verbranntem Fleisch in der Luft.

In dieser eigentlich unerträglichen Situation sagt eine ältere Freundin zu Erika: "Vergiß das hier niemals und erzähle es, *damit es die ganze Welt erfährt!*" (Was 52 Jahre später Titel der deutschen Ausgabe ihres Buches werden sollte!).

Immer wieder gibt es Fluchtversuche, die zumeist grausam enden: Eine Zeit schier endloser Schrecken.

Der 18. Januar 1945 wird schließlich zum unvergleichlichen Tag: In Fünferreihen marschieren die Frauen durch das berüchtigte Tor mit der Aufschrift 'Arbeit macht frei' aus dem Lager Auschwitz, werden am dritten Tag in Groß-Rosen in Waggons gepfercht und zunächst ins Frauen-Konzentrationslager Ravensbrück verbracht, von dort dann ins kleinere Frauenlager Malchow.[62]

Am 1. Mai 1945 führt man die Frauen mit unbekanntem Ziel aus dem Lager, Hella und Erika riskieren die Flucht, ver-

---

[61] E.M. Kounio-Amariglio 1996, S. 110.

[62] Vgl. Jeanne Levy-Rosenberg 2000; Inka Wajsbort 2000.

stecken sich mit anderen in einem Wald, werden am 5. Mai 1945 von der Roten Armee endlich eingeholt und können sich in der Obhut eines freundlichen sowjetischen Offiziers etwas erholen, um später mit jugoslawischen Leidensgenossen nach Belgrad zu ziehen. Dort erfahren Mutter und Tochter über die Schweiz, daß Vater und Bruder noch leben und in Griechenland schon sehnsüchtig warten.[63]

Bald liegt man sich zu Hause in den Armen: Wie durch mehrere Wunder zusammen haben Eltern und Kinder überlebt, der geliebte Großvater und 22 (!) weitere Familienmitglieder jedoch nicht.

Trotz allem versucht man, nach dem zufälligen Überleben ein neues Leben zu beginnen. Die von der Schoáh nicht direkt betroffenen Griechen wollen jedoch nicht glauben, was den Überlebenden der Schoáh in Auschwitz und andernorts geschehen war, die von einem anderen Stern gekommen zu sein schienen, der jedoch ein schwarzes Loch war.

Erika Kounio ist nun 19 Jahre alt bzw. jung, das Leben beginnt trotz allem, wieder schön zu werden, sie heiratet 1947 ihren Mann, der in Griechenland überlebt hat, man baut sich eine Existenz auf, aber erst als 1949 der unselige Bürgerkrieg zu Ende ist, beginnt sich das Leben endlich zu normalisieren.

Im April 1951 wird ein Sohn, 1953 eine Tochter geboren. 1965 besucht Erika Kounio-Amariglio erstmals wieder Auschwitz, und bis heute quält sie der Gedanke, warum gerade sie das alles überlebte, – wenn auch jedenfalls den Deutschen zum Trotz! (Siehe griechisches Zitat S. 6!)

---

[63] Vgl. Heinz Salvator Kounio 1982.

8. Leben nach der Schoáh

Aber, so Erika Kounio-Amariglio: "*Saloniki war von seinen Juden entleert. Von den wenigen, die zurückkamen, zog ein großer Teil weiter, weil sie die Einsamkeit in ihrer Stadt ohne ihre Verwandten nicht ertragen konnten. Die Überlebenden wurden zumeist in irgendwelchen Häusern untergebracht, die man ihnen zufällig gab.*

Die meisten heirateten schnell, ohne etwas zu besitzen, außer sich selbst und ihre Erinnerungen. Sie machten Gruppenhochzeiten, der Freude beraubt, ihre Eltern, Verwandten, Freunde bei sich zu haben. Sie faßten sich an den Händen, und in ihrer Freude über ein neues Leben weinten sie über den Verlust ihrer Lieben. Sie mußten bald heiraten und eine Familie gründen, um ihrer Einsamkeit und ihrer Trauer standzuhalten. Manche sind nach Palästina abgereist, um eine neue Heimat zu finden, und viele nach Amerika.

Griechenland kämpfte noch, um nach der schweren Besatzung wieder auf die Beine zu kommen. Die wenigen Juden, die schließlich in Thessaloniki blieben, versuchten, etwas von der früheren großen Gemeinde, die es einmal gab, wieder aufzubauen. Von den vielen früheren Synagogen Thessalonikis konnte die 'Monastirioten'-Synagoge wieder geöffnet werden; hier wurden die Trauungen vollzogen und dorthin gingen wir an unseren großen Feiertagen. – Ich begann, immer weniger über meine Erfahrungen in Auschwitz zu sprechen. Das Leben ging seinen Lauf, ich wollte leben..."[64]

"*'Wer einmal in Auschwitz war, wird nie mehr herauskommen'*", schreibt Jacques Stroumsa: "*'Und wer nicht in Auschwitz war, wird auch niemals hineinkommen.' – Ich weiß nicht, von wem diese Sätze stammen, aber sie sind mir so*

[64] E.M. Kounio-Amariglio 1996, S. 133.

wichtig, daß sie mir immer wieder in den Sinn kommen, und langsam scheint mir, als würden sie von mir selber stammen.

Trauer ist für mich zum Dauerzustand geworden. Ich trauere um die nächsten Angehörigen, Vater, Mutter, Schwester und Bruder, um meine Frau, die Schwiegereltern und alle Verwandten - eine große Zahl, so daß es sehr schwer ist, darüber zu sprechen. Ich trage diese Trauer allein, und ich werde sie bis an mein Ende tragen. Ich weine nicht oft, aber der Verlust meiner Familie ist ein Kummer, von dem ich mich nicht mehr erholen kann.

Die Zerstörung der jüdischen Gemeinde von Thessaloniki war schrecklich, doch leide ich unter diesem Verlust nicht so sehr, da ich seit der Deportation dort nicht mehr wohne. Bei jedem meiner Besuche in Griechenland fühle ich mich natürlich verpflichtet, Thessaloniki zu besuchen... Ich wache immer sehr früh auf und setze mich auf den Balkon (des Hotels), *um von weitem aufs Meer zu schauen. Ich rauche Zigarette um Zigarette aus Angst, daß mir die Tränen kommen.*

Ein griechisch-orthodoxer Freund traf mich einmal allein gegen Mitternacht und sagte: 'Ich verstehe dich, Jacques, du weißt nicht mehr, wohin du gehen sollst in Saloniki, der Stadt, in der du einst jeden Stein gekannt hast.' Und das stimmt."[65]

Nachzutragen bleibt unter anderem, daß Frauen aus Thessaloniki in Auschwitz auch bei Professor Carl Claubergs Sterilisations-Versuchen mißbraucht wurden, daß der umstrittene Oberrabbiner Koretz und der Judenrat von Thessaloniki samt der jüdischen Polizei im August 1943 nach Bergen-Belsen[66] verbracht, und daß die gesperrten Bankkonten der Juden von

---

[65] J. Stroumsa 1993, S. 73 f.

[66] Vgl. E. Jäckel et al. 1995, Band III, S. 1275; F.H. Oestreicher 2000.

der deutschen Militärverwaltung beschlagnahmt wurden. Eine unbekannte Zahl von Juden aus Thessaloniki soll mit Hilfe von Partisanen nach Palästina entkommen sein.

Insgesamt dürften mindestens 54.500 griechische Juden nach Auschwitz verschleppt worden sein, 41.776 wurden sofort ermordet, 12.757 (8025 Männer und 4732 Frauen) zur Zwangsarbeit, zu den Sonderkommandos der Krematorien, für medizinische Experimente und fürs Lagerorchester selektiert. 135 griechische Juden waren am 6./7. (9.) Oktober 1944 an einer Lagerrevolte in Auschwitz beteiligt.[67]

Mordecai Paldiel von Yad Vashem Jerusalem schreibt: Von 79.000 Juden, die vor dem Krieg in Griechenland gelebt hätten, seien 62.000 in Todeslager deportiert worden. Überlebende hätten es geschafft, aus Griechenland zu fliehen oder sich bei freundlichen Griechen zu verstecken, für welche die Behandlung ihrer Juden durch die Deutschen eine tiefe Beleidigung dargestellt habe.

In einer fast beispiellosen Aktion protestierten am 29. März 1943 Persönlichkeiten des öffentlichen Lebens in Athen gegen die Deportation griechischer Bürger, und auch der Regierungschef Joannis Rollis soll bei der Gestapo protestiert haben. Mit Hilfe des italienischen Konsulats in Thessaloniki gelang vielen die Flucht in die italienische Zone und nach Athen.

Griechische Juden waren auch im griechischen Widerstand aktiv.[68] 1999 waren in Yad Vashem 211 (von insgesamt 16.552) "Gerechte unter den Nationen" aus Griechenland verzeichnet, womit dieses Land auf Platz 12 rangiert.[69]

---

[67] Vgl. E. Jäckel et al. 1995, Band 1, S. 562 etc.

[68] Vgl. E. Jäckel et al. 1995, Band I, S. 562 u. 564.

[69] Vgl. M. Paldiel 1999, S. 84f. u. 128.

Insgesamt wurden etwa 96,5% der Juden Thessalonikis ermordet, ca. 3,5% überlebten, d.h. 1.950 Menschen, ca. 900 kehrten nach Griechenland zurück.

"Fünfzig Jahre danach ist noch alles lebendig in mir", schreibt Erika Kounio-Amariglio: *"Obwohl der Schmerz abgestumpft ist, mein Erstaunen und meine Überraschung werden jedes Mal größer, angesichts des Unverständlichen, was die menschliche Seele mit keiner Rechtfertigung, mit keiner Erklärung akzeptieren kann:*

Wie war es möglich, wie haben sie es verstanden, mit solcher Meisterschaft und Psychologie so viele Millionen Menschen zu täuschen? Wie haben sie es geschafft, sich eine solche Vernichtungsmaschinerie auszudenken und auszuführen? Und wieso haben die Bewohner nicht reagiert, die rings um die verschiedenen Lager wußten, was darin geschah? Warum? Warum?

So viele Jahre sind vergangen, und ich konnte nicht erzählen, konnte nicht sprechen über die zweieinhalb Jahre, die ich im Konzentrationslager verbrachte, ohne etwas getan zu haben, um dieses Schicksal zu verdienen. Ich bin als Jüdin geboren, nur deshalb.

Für meine Enkel, für alle Kinder der Welt und jeder Religion schrieb ich fünfzig Jahre danach dieses Zeugnis, damit sie denen entgegentreten können, die den Holocaust leugnen, damit sie immer in Alarmbereitschaft sind, daß nicht noch einmal ein Völkermord geschieht: NIE WIEDER!"[70]

Im übrigen sind (*2001*) für die Zeit von 1945 bis 1991 24 Titel an Holocaust-Literatur griechischer Autoren verzeichnet.[71]

---

[70] E.M. Kounio-Amariglio 1996, S. 8.

[71] Vgl. Frangiski Abadzopoulou in: I.K. Hassiotis 1997, S. 20 f.

9. Die alte "Mutter Israels"

1945 umfaßte die jüdische Gemeinde von Thessaloniki knapp 2000 Personen. Nicht wenige von ihnen wurden während des folgenden Bürgerkriegs in Griechenland als Kommunisten denunziert und mißhandelt, was die Auswanderung nach Israel, in die USA und nach Südamerika verstärkte.[72]

Ladino bzw. Spaniolisch war als gesprochene Sprache der Gemeinde verschwunden, doch die Gemeinde überlebte bis heute und hat derzeit (*2001*) etwa 1000 Mitglieder, hatte im letzten Jahrzehnt eine gewisse Zuwanderung aus der ehemaligen Sowjetunion erfahren, besitzt eine Schule, ein Altersheim, eine WIZO-Gruppe, eine Mikwe, seit 1997 ein Holocaust-Denkmal unweit des ehemaligen größten jüdischen Viertels, welches "151" hieß[73], und seit kurzem auch ein bedeutendes Museum.

Über jüdisches Leben in Thessaloniki und Griechenland ganz allgemein wäre natürlich noch sehr viel mehr zu sagen, beispielsweise darüber, wie Griechen die Juden durch die Jahrhunderte gesehen haben, angefangen bei Herodot (gest. um 425 v.u.Z.) über Aristoteles (384–322) bis hin zu Polybios (um 201 v.u.Z.) und anderen (insgesamt ca. 80 Autoren), gewiß aber auch darüber, wie Juden die Griechen und die hellenistische Kultur sahen und erlebten, wozu nicht nur die Berichte über den Makkabäer-Aufstand der Jahre 165–160

[72] E. Jäckel et al. 1995, Band III, S. 1276.

[73] "Der Name stammt von einer alliierten Einheit, die im Ersten Weltkrieg dort ihre Baracken baute und zurückließ, was für die Opfer des Saloniker Brandes 1917 sehr gelegen kam. Ein weiteres Viertel hieß '6', andere Viertel trugen Namen. Ich muß betonen, daß es früher nie Ghettos gegeben hat; jeder Jude konnte wohnen, wo er wollte bzw. wo es seine Finanzen erlaubten. Ghettos wurden erst 1943 von den Deutschen errichtet, wo sich alle Juden versammeln mußten, um sie für den Abtransport sicher unter Kontrolle zu haben." (Rudolf Amariglio, 05.09.2001)

v.u.Z. nachzulesen wären[74], worüber sich nicht zuletzt etwa auch Vilém Flusser besonders lesenswert geäußert hat: "Die Griechen leben und denken 'essentiell' und die Juden 'existentiell'."[75] Die unterschiedlichen Begrifflichkeiten etwa von 'Wahrheit' (aletheia - emet) und 'Gerechtigkeit' (dike - tsedaka), Gleichheit und Ungleichheit wie der Menschenbilder der alten Griechen und Hebräer überhaupt gehört zum Kernbestand des abendländischen Wertesystems.[76]

Ein Teil des Judentums hat jedoch schließlich durch das Griechentum zum Christentum geführt, worin ja noch der jüdische "Theos" gewissermaßen durch den griechischen "Logos" hindurch erkannt werden kann.

Thessaloniki gäbe auch hochinteressanten historischen Stoff für eine über 400-jährige "Cohabitation" von sunnitischem Islam und sephardischem Judentum; tatsächlich hatte das sephardische Judentum offensichtlich gerade im Osmanischen Reich seine besondere qualitative und quantitative Überlebenschance bis hin zu späten literarischen Leuchten noch im 20. Jahrhundert wie etwa Elias Canetti, Nobelpreisträger für Literatur von 1981.[77] Die sephardische Musiktradition ist ein liebenswürdiges Kapitel für sich.

"Immer bleibt von ihnen ein 'Rest'", schrieb Valeriu Marcu 1934 in seiner denkwürdigen Schrift *Die Vertreibung der Juden aus Spanien,* "der sich in keiner Umgebung ganz auflöst. ... - Die Geschichte der Juden ist eine Historie der 'Reste' gewesen, des 'frommen Kerns', wie die Propheten sagten, der sich stets spaltet, dessen einer Teil im großen, ständigen

---

[74] Dazu auch: James Michener 1978, "Schicht X: Im Gymnasion", S. 345 ff.

[75] V. Flusser 1995, S. 67, 75, 83, 121.

[76] Vgl. J. Assmann 1997, S. 196 ff., 259 ff., 293 ff.; E.R.Wiehn 1997, S. 247 ff.

[77] E.Canetti 1977, S. 10f f.; vgl. B. Leroy 1987, S. 185 f.

Prozeß der Völkerbildung und -umbildung untergeht, dessen andrer weiter Ärgernis erregt."[78] Außer in Israel, wo sephardische Juden verschiedenster Couleur beim Aufbau des jüdischen Staates ihre eigene Rolle spielten und bis heute spielen.

Nicht zuletzt ist zu sagen, daß von seiten Deutschlands bis jetzt - anno 2001, 60 bzw. 58 Jahre danach! - kein offizielles Wort zur Schoáh in Thessaloniki zu vernehmen war. Als Bundespräsident Johannes Rau im Jahre 2001 dieser Stadt einen Besuch abstattete, hat er weder die Jüdische Gemeinde noch das Holocaust-Mahnmal besucht, wo am Holocaust-Gedenktag von der deutschen Botschaft in Griechenland wenigstens ein Kranz niedergelegt wird.

Seit der Schoáh ist eben viel Zeit vergangen, und vielleicht ist die Zeit darüber hinweggegangen, doch es wird niemals Gras darüber wachsen (wie die Affäre um die Versteigerung des Goethe-Instituts in Athen im September 2001 zeigt).[79] Die Schoáh, nach Paul Celan der Tod als ein "Meister aus Deutschland"[80], wird ebenso Teil der Geschichte der Juden von Thessaloniki bleiben wie der Geschichte des jüdischen Volkes überhaupt und gewiß auch der Thessalonikis, der Europäischen Kulturhauptstadt von 1997, und Griechenlands.

---

[78] V. Marcu 1991, S. 196.

[79] In 10 durchaus namhaften Reiseführern über Griechenland wird die Geschichte der Juden in Saloniki jeweils nur knapp erwähnt, wenn überhaupt. – "Am 10. Juni 1944 hatte die 4. SS-Polizei-Panzergrenadier-Division in der griechischen Ortschaft (Distomo) ein Massaker als Vergeltungsmaßnahme verübt." 300 Hinterbliebene der 214 Opfer des Massakers hatten wegen unterlassener Wiedergutmachung in Höhe von DM 55 Millionen seitens der Bundesrepublik Deutschland auf Versteigerung des Goethe-Instituts in Athen geklagt und vom griechischen Areopag (Bundesgerichtshof) Recht bekommen (F.A.Z. 05.09.2001, S. 1–3 u. 16; 06.09.2001, S. 1, 2 u. 43).

[80] Paul Celan 1968, S. 18 f.

Trotz und vielleicht sogar wegen der Schoáh ist und bleibt jedoch das jüdische Leben in Thessaloniki etwas Einzigartiges; einzigartig ist auch die Erinnerung daran, nicht zuletzt eben in der fast einzigartigen Tradition der jüdischen Erinnerungskultur: Was weiß man z.B. sonst noch aus dem Jahre 53 (oder 52 oder 49) in Thessaloniki, außer daß die Juden damals ihren Glaubensgenossen Paulus aus ihrer Stadt komplimentierten? Der "Wappenspruch" der Jüdischen Gemeinde von Thessaloniki lautet: *"G'tt erinnert, was Menschen vergessen."*

Noch heute kann man in Thessaloniki tatsächlich Spuren dieses uralten, spezifisch jüdischen Aromas erleben: ca. 2300 Jahre jüdisches Leben in Griechenland, d.h. in "Javán", in der einstigen "Sephardischen Metropole", dem früheren "Jerusalem des Balkans" - der alten "Mutter Israels".

Erika und Rudolf (Rolly) Kounio-Amariglio 1997 (Foto E.R. Wiehn)

Erhard Roy Wiehn

Eine Freundschaft in Thessaloniki

Erika Myriam Kounio-Amariglio (1926–2010)[81] und Rudolf (Rolly) Amariglio (1923–2015)[82] zum Gedenken

Erika Myriam Kounio-Amariglio hatte ich durch Dr. Jacques Stroumsa[83] kennengelernt, der aus Thessaloniki (Saloniki) stammte und als Geiger in Auschwitz überlebt hatte.

Auch Erika wurde in Thessaloniki geboren, als Mädchen mit ihren Eltern und ihrem jüngeren Bruder Heinz[84] gleich mit dem ersten Transport deportiert, war am 20. März 1943 in Auschwitz-Birkenau eingetroffen und hat samt Familie nur deshalb - den Deutschen zum Trotz - überlebt, weil sie die einzigen im gesamten Transport von ca. 2.800 Menschen waren, die deutsch sprachen und deshalb für die folgenden Transporte aus Thessaloniki als Dolmetscher gebraucht wurden.

---

[81] Dazu: https://searchworks.stanford.edu/view/11897003

[82] Dazu: http://www.geschichtswerkstatt-freiberg.de/?page_id=415

[83] Dr. Jacques Stroumsa s.A. (Jerusalem) traf ich erstmals im Oktober 1992 kurz vor seinem Vortrag im Rahmen einer Matinee der Deutsch-Israelischen Gesellschaft Bodenseeregion in Konstanz. Er sprach etwa eine Stunde eher leise und manchmal stockend (deutsch) von seiner Deportation aus Thessaloniki Ende April 1943, seiner Ankunft in Auschwitz-Birkenau, von der Ermordung seiner engsten Familienangehörigen, seiner Rolle als Erster Geiger im Häftlingsorchester von Auschwitz-Birkenau, seiner Arbeit in den Auschwitzer Weichsel-Union-Metallwerken, über den Todesmarsch von Auschwitz nach Mauthausen, sein Überleben, seine Befreiung. Daraus entstand *Geiger in Auschwitz – Ein jüdisches Überlebensschicksal aus Saloniki 1941–1967* (Konstanz 1993, englisch 1996). Dr. Jacques Stroumsa war eine außergewöhnliche Persönlichkeit und hatte noch in weit vorgerücktem Alter eine rege internationale Vortragstätigkeit auf sich genommen. Er verstarb am 14. November 2010 im 98. Lebensjahr in Jerusalem. Als Geiger in Auschwitz bleibt er nicht nur in unserer Edition verewigt.

[84] Heinz Salvator Kounio, Ein Liter Suppe und 60 Gramm Brot - Das Tagebuch des Gefangenen 109565. Berlin 2016 (auf Griechisch 1982 in Thessaloniki erschienen).

Deutsch wurde in dieser Familie buchstäblich als *Mutter*-Sprache gesprochen, weil Erikas und Heinz' Vater Salvator Kounio (aus einer sephardischen[85] Saloniker Familie) ein Fotogeschäft betrieb und auf einer Fotomesse in Leipzig seine spätere Frau Hella kennenlernte, die aus einer aschkenasischen[86] Familie in Karlsbad stammte. Erika kam mit ihrem Mann Rudolf ("Rolly") Amariglio im November 1996 zur Vorstellung ihres Buches in die Universität Konstanz: *Damit es die ganze Welt erfährt – Von Saloniki nach Auschwitz und zurück 1926 -1996* (Konstanz 1996, 2. Auflage 2003; inzwischen gibt es Übersetzungen in weitere Sprachen).

In den Jahren 1997, 1998 und 2000 haben meine Frau Mirjam und ich Erika und Rolly in Thessaloniki besucht, wobei ich die Ehre hatte, am Erev Schabbat den "Kiddusch"[87] zu rezitieren. Bei diesen Besuchen haben wir auch Erikas charmante Mutter Hella kennengelernt, die damals schon in hohem Alter war, immer noch ziemlich resolut das schöne Karlsbader Deutsch sprach und noch immer ihre Auschwitz-Nummer 38911 auf dem linken Arm trug, ebenso wie Erika die Nummer 38912.

Wir haben herrliche Ausflüge in Nordgriechenland unternommen (die heute noch "Einstweh" wecken können), wobei wir besonders von der Synagoge in Veria[88] beeindruckt waren, in der Paulus gepredigt haben soll. Immerhin gab es in Thessaloniki mit ca. 2300 Jahren die älteste jüdische Diasporagemeinde der Welt, die von den Deutschen in weniger als drei (3!) Jahren völlig vernichtet wurde: Mehr als 47.000 Menschen, also ca. 96% der Thessaloniker Jüdinnen und Ju-

[85] Nachkommen jüdischer Familien, die ab 1492 aus Spanien vertrieben wurden.

[86] Aschkenasische Juden sind mittel-, nord- und osteuropäische Juden und ihre Nachkommen.

[87] Segenssprüche über Wein und Brot zu Beginn des Schabbat freitagabends.

[88] Beröa, Veroia, Apostelgeschichte, Kap. 17, 10.

den wurden in Auschwitz-Birkenau ermordet (siehe hier S. 48).[89]

Ein bleibendes Zeugnis unserer Freundschaft ist das vorliegende Bändchen *Juden in Thessaloniki* (Konstanz 2001),[90] das unser Freund Rudolf (Rolly) Amariglio ins Neugriechische übersetzte[91] (worüber sich mein verehrter Griechischlehrer Dr. Josef Bisinger s.A. bestimmt gefreut hätte). Auf meinem kleinen Nachtschreibtisch liegt seit unserem ersten Besuch im Jahre 1997 ein schwarzer Schotterstein vom Deportationsgleis in Thessaloniki. Wir telefonierten oft mit unseren Freunden und erfanden insbesondere die schöne Tradition, dies auch unbedingt vor jüdischen Feiertagen zu tun.

Leider ist unsere Freundin Erika Anfang Dezember 2010 im 85. Lebensjahr ganz plötzlich eines guten Todes gestorben (wenn es das gibt): Wir haben ihr zu Ehren in Israel 10 Bäume pflanzen lassen. In ihrem starken Buch *Damit es die ganze Welt erfährt* bleibt sie verewigt.

Mit Rolly hielten wir weiterhin guten Kontakt, besuchten ihn gegen Ende September 2013 in Thessaloniki, verbrachten viele gute und fröhliche Stunden mit ihm und seiner gütigen Betreuerin Aida und verabredeten, uns unbedingt bald wiedersehen zu wollen. Leider verstarb unser Freund Rolly dann Anfang Juni 2015 im Alter von 92 Jahren.

Wie schön, daß wir Erika und Rolly, diese wunderbaren Menschen, in dankbarer Erinnerung unserer Freundschaft hier noch einmal verewigen können.[92] - 14. Februar 2018

---

[89] Erika Kounio-Amariglio, Damit es die ganze Welt erfährt – Von Saloniki nach Auschwitz und zurück 1926–1996. Konstanz 1996, 2. Aufl. 2003, S.11f.

[90] Das hier kaum verändert in 2. und Neuauflage erscheint: Nur dieses Nachwort und die Fotos sind neu.

[91] Erhard Roy Wiehn, Ewräi sti Thessaloniki – Jews in Thessaloniki. Konstanz 2004.

[92] Auch in: Erhard Roy Wiehn, MenschWerden – Dem Leben seinen Sinn geben. Erinnerungen 1937–2012. Konstanz 2012, 435 f. u. 429 f.; Erhard Roy Wiehn, Die Edition Schoáh & Judaica – Entstehung und Entwicklung sowie Autorinnen und Autoren 1983–2013. Konstanz 2013.

Official records of the total of Thessaloniki Jews sent to the Nazi extermination camps Auschwitz Birkenau

Records of the railway authority of the Greek State

Despatch	Date of departure	Persons
1st	15/3/1943	2.400
2nd	17/3/1943	2.500
3rd	19/3/1943	2.500
4th	23/3/1943	2.800
5th	27/3/1943	2.800
6th	3/4/1943	2.800
7th	5/4/1943	2.800
8th	7/4/1943	2.800
9th	10/4/1943	2.800
10th	13/4/1943	2.800
11th	16/4/1943	2.800
12th	20/4/1943	2.800
13th	22/4/1943	2.800
14th	28/4/1943	2.600
15th	3/5/1943	2.600
16th	9/5/1943	1.700
17th	1/6/1943	820
18th	10/8/1943	2.500
	Total	**45.620**
19th	2/8/1943	441*
Total of the displaced persons:		**46.061**

Records from the archives of the concentration camps Auschwitz - Birkenau

Despatch	Date of arrival	Persons
1st	20/3/1943	2.800
2nd	23/3/1943	2.800
3rd	25/3/1943	1.901
4th	30/3/1943	2.501
5th	3/4/1943	2.800
6th	9/4/1943	2.500
7th	10/4/1943	2.750
8th	13/4/1943	2.800
9th	17/4/1943	3.000
10th	18/4/1943	2.501
11th	22/4/1943	2.800
12th	26/4/1943	2.400
13th	28/4/1943	3.070
14th	4/5/1943	2.930
	7/5/1943	1.000
15th	8/5/1943	2.500
16th	16/5/1943	4.500
17th	8/6/1943	880
18th	18/8/1943	1.800
	Total	**48.233**
19th		441*
Total of the displaced persons:		**48.674**

* (Destination: Concentration Camp Bergen Belsen)

According to the census of 1940 the Jewish population of Thessaloniki was recorded at 49.000 persons.
In 1945 the Jews returned numbered 1.950.

Percentage of losses: 96,5% Percentage of survival: 3,5%

(Quelle: Jewish Community of Thessaloniki)

Ausgewählte Literatur[*]

Ph. Anty u. R. Clogg (Ed.), British Policy Towards Wartime Resistance in Yugoslavia and Greece. London 1975.

J. Assmann, Das kulturelle Gedächtnis. Schrift, Erinnerung und politische Identität der früheren Hochkulturen. München 1997.

Auschwitz. Geschichte und Wirklichkeit des Vernichtungslagers. (1978) Reinbek 1980.

T. Bastian, Furchtbare Ärzte. Medizinische Verbrechen im Dritten Reich. München 1995 (dazu U. Schumacher in: Frankfurter Allgemeine Zeitung, Nr. 232, 6.10.1995, S. 15).

St. Baumeister, Zur Organisation und Realisation der Schoáh - Rechtliche, institutionelle, organisatorische und verwaltungstechnische Voraussetzungen des Massenmords an den europäischen Juden. Konstanz 2001. (*Titel der Konstanzer Edition Schoáh & Judaica sind gefettet*)

Sch. Ben-Chorin, Bruder Jesus - Der Nazarener in jüdischer Sicht. (1967) München 1977.

Sch. Ben-Chorin, Paulus - Der Völkerapostel in jüdischer Sicht. (1970) München 1980.

Sch. Ben-Chorin, Jüdischer Glaube - Strukturen einer Theologie des Judentums anhand des Maimonidischen Credo. Tübinger Vorlesungen. 3. Auflage, Tübingen 2001.

Y. Ben, Greec Jewry in the Holocaust and the Resistance 1941–1944. Institute of the Saloniki Jewry Research Center. Tel Aviv 1985 (hebräisch): Griechenland-relevante Titel stehen kursiv!

I.A. Ben Yosef, Lebendiges Judentum - Betrachtungen eines Rabbiners. 2 Bände, Konstanz 1995 u. 1999.

S. Bowman, "Jews in Wartime Greece." In: M.R. Maurus (Ed.), The Nazi Holocaust. Vol. 4, Westport/London 1989, S. 297-314.

Chr. vom Brocke, Thessaloniki - Stadt des Kassander und Gemeinde des Paulus. Eine frühe christliche Gemeinde in ihrer heidnischen Umwelt. Tübingen 2001.

P. Callvocoressi, Who's who in der Bibel. (1987) München 1994.

[*] Diese Literaturliste der 1. Auflage aus dem Jahre 2001 wird in den 2. Auflage 2018 unverändert beibehalten.

E. Canetti, Die gerettete Zunge - Geschichte einer Jugend. München 1977.

P. Celan, Ausgewählte Gedichte. (1952) Frankfurt 1968.

D. Czech, Kalendarium der Ereignisse im Konzentrationslager Auschwitz-Birkenau 1939-1945. Reinbek u. Frankfurt 1989.

E. Demant (Hg.), Auschwitz - "Direkt von der Rampe weg..." Kaduk, Erber, Klehr: Drei Täter geben zu Protokoll. Reinbek 1979.

N. Eck, "New Light on the Charges against the last Chief Rabbi of Salonica." In: Yad Vashem Bulletin, Nr. 17, December 1965, S. 9–16; Nr. 19, 1966, S. 28-39.

elo. "Deutsch-griechische Stiftung vorgeschlagen", in: Frankfurter Allgemeine Zeitung, Nr. 207, 6.9.2001, S. 1.

Encyclopaedia Judaica. Berlin 1931, 7. Band.

Encyclopaedia Judaica. Jerusalem 1991, Vol. 7, 9, 14, 16.

Enzyklopädie des Holocaust - Die Verfolgung und Ermordung der europäischen Juden. Hg. v. E. Jäckel et al., München 1995, Band I u. III.

R. Felix, Diese Hölle überlebt - Ein jüdisches Familienschicksal aus Mähren 1924-1994. Konstanz 1995.

H. Fleischer, Im Kreuzschatten der Mächte. Griechenland 1941–1944. Frankfurt a.M. 1977/87.

V. Flusser, Jude sein - Essays, Briefe, Fiktionen. Mannheim 1995.

H. Friedlander u. S. Milton, Archives of the Holocaust. Vol. 4, ed. by F.R. Nicosia, New York u. London 1990.

P. Friedman, "The Jews of Greece during the Second World War. A bibliographical Survey." In: Jewish Social Studies 5, 1953.

O. Friedrich, Königreich Auschwitz. Hamburg 1995 (dazu J. Friedrich, "Das unvorstellbar Ultraböse als letzter Imperativ. Ein Zentrum des hochtechnologischen Massenmordes war Auschwitz nicht." In: Frankfurter Allgemeine Zeitung, Nr. 71, 23.3.1996, S. 12.

M. Gilbert, The Holocaust. A History of the Jews of Europe during the Second World War. New York 1966.

M. Gilbert, Endlösung. Die Vertreibung und Vernichtung der Juden. Ein Atlas. (1982) Reinbek 1995.

B. Gümüs, Die türkischen Aleviten. (Magisterarbeit) Konstanz 2001.

I.K. Hassiotis (Hg.), The Jewish Communities of Southeastern Europe – from the fifteenth century to the end of World War II. Thessaloniki 1997.

Her./elo. "Athener Goethe-Institut vor Zwangsversteigerung", in: Frankfurter Allgemeine Zeitung, Nr. 206, 5.9.2001, S. 1 f.

R. Hilberg, Sonderzüge nach Auschwitz. (1976) Frankfurt u. Berlin 1987.

R. Hilberg, Die Vernichtung der europäischen Juden. (1961) 3 Bände, Frankfurt 1990.

R. Höß, Kommandant in Auschwitz. Autobiographische Aufzeichnungen. München 1963.

J.L. Hondros, Occupation and Resistance. The Greek agony 1941–1944. New York 1983.

E. Jäckel et al. (Hg.), Enzyklopädie des Holocaust. Die Verfolgung und Ermordung der europäischen Juden. 3 Bände, München u. Zürich 1995.

Jüdisches Lexikon. Berlin 1930, Band IV/2.

I. Kabeli, "The Resistance of the Greek Jews." In: YIVO Annual 8, 1953.

A. Kedros, La Résistance Grecque 1940–1944. Paris 1966.

F. Klier, Die Kaninchen von Ravensbrück. Medizinische Versuche an Frauen in der NS-Zeit. München 1994 (dazu J. Schuster in: Frankfurter Allgemeine Zeitung, Nr. 23, 27.1. 1996, S. 7).

H.S. Kounio, Ezisa to Thanato (Ich habe den Tod erlebt). Saloniki 1982.

E.M. Kounio-Amariglio, Damit es die ganze Welt erfährt – Von Saloniki nach Auschwitz und zurück 1926-1996. Aus dem Griechischen von Egon Amariglio. Konstanz 1996.

H. Langbein, Der Auschwitz-Prozeß. Eine Dokumentation. 2 Bde. (1965), Büchergilde Gutenberg, Frankfurt a.M. 1995.

B. Leroy, Die Sephardim – Geschichte des iberischen Judentums. München 1997.

Z. Levental, Auf glühendem Boden – Ein jüdisches Überlebensschicksal in Jugoslawien 1941-1947. Mit einer Dokumentation. Konstanz 1994.

N.P. Levinson, "Ketzer" und Abtrünnige im Judentum – Historische Porträts. Hannover 2001.

J. Levy-Rosenberg, Durch die Hölle – Von Holland durch Auschwitz-Birkenau, Ravensbrück, Malchow, Taucha, zurück und nach Israel 1944–1949. Konstanz 2000.

E. Lohse, "In Berlin gewöhnt man sich an den Gedanken an eine Pfändung des Athener Goethe-Instituts." In: Frankfurter Allgemeine Zeitung, Nr. 207, 6.9. 2001, S. 2.

A. Maegerle, "'Ich bereue nichts!'" (Zu Alois Brunner) In: Jüdische Rundschau, Nr. 8, Basel, 22.2.1996, S. 14.

J. Maier u. P. Schäfer, Kleines Lexikon des Judentums. Stuttgart u. Konstanz 1981.

Marco Polo, Griechenland. Ostfildern 1998.

V. Marcu, Die Vertreibung der Juden aus Spanien. Nachwort von Andrei Corbea (Hoişie). München 1991.

Y. Megas, Souvenir - Images of the Jewish Community Salonika 1897–1917. Athen 1993.

A. Meier, Die kaiserliche Palästinareise 1898 - Theodor Herzl, Großherzog Friedrich I. von Baden und ein deutsches Protektorat in Palästina. Konstanz 1998.

J.A. Michener, Die Quelle (Roman 1965) München 1978.

M. Molho (Hg.), In memoriam. Thessalonique 1973. - In memoriam - gewidmet dem Andenken an die jüdischen Opfer der Naziherrschaft in Griechenland. Essen 1981.

F. Müller, Sonderbehandlung. München 1979.

R. Müller, "Wie historisches Unrecht geahndet werden kann - Die griechische Lösung und das Völkerrecht." In: Frankfurter Allgemeine Zeitung, Nr. 206, S. 3.

B. Naumann, Auschwitz. Bericht über die Strafsache gegen Mulka und andere vor dem Schwurgericht Frankfurt. Frankfurt 1965.

M. Natzari, Chronik 1941–1945. Thessaloniki 1991 (griech.).

J. Nehama, Histoire des Israélites de Salonique. Tomes I–VII, Salonique 1935.

Neues Lexikon des Judentums. Hg. v. J.H. Schoeps. Gütersloh 2000.

N.M. "Aussichtslos" (Zur Versteigerung des Goethe-Instituts in Athen) In: Frankfurter Allgemeine Zeitung, Nr. 206, 5.9.2001, S. 16.

F.H. Oestreicher, Ein jüdischer Arzt-Kalender - Durch Westerbork und Bergen-Belsen nach Tröbitz. Konzentrationslager-Tagebuch 1943–1945. Konstanz 2000 (auch zu Karlsbad).

M. Paldiel, Es gab auch Gerechte - Retter und Rettung jüdischen Lebens im deutschbesetzten Europa 1939–1945. Konstanz 1999.

D. Perdurant, "Antisemitism in Contemporary Greek Society." Analysis of Current Trends in Antisemitism (The Hebrew University of Jerusalem), Acta no. 7, 1995.

J. Piekalkiewicz, Krieg auf dem Balkan 1940–1945. München 1984.

Philo-Lexikon - Handbuch des jüdischen Wissens. Berlin 1935.

S. Pisar, Das Blut der Hoffnung. Reinbek 1979.

D. Recanati, Zikhron Saloniki. 2 Vol., Tel Aviv 5732 (hebräisch u. ladino).

G. Reitlinger, Die Endlösung. (1953/1956) 4. Auflage, Berlin 1961.

W. Renz, "Manchmal schickte die SS ein Beileidstelegramm. Häftlingsschreiber mußten über die Ermordeten von Auschwitz akurat Buch führen." In: Frankfurter Rundschau, Nr. 23, 27.1.1996, S. 6.

E. Rondholz, "Ehrensache. Von den Deutschen geraubt, in Rußland wieder aufgetaucht: Das berühmte jüdische Archiv von Saloniki wartet auf seine Rückkehr." In: Die Zeit, Nr. 24, 9.6.1995, S. 43.

E. Sevillas, Athens - Auschwitz. Athen 1983.

L. Shelley, Secretaries of Death. New York 1986; deutsch: Schreiberinnen des Todes. Bielefeld 1992.

L. Shelley, Auschwitz - The Nazi Civilization - Twenty-Three woman Prisoners Accounts. Auschwitz Camp Administration and SS Enterprises and Workshops. Vol. 1, London 1992

W. Sofsky, Die Ordnung des Terrors: Das Konzentrationslager. Frankfurt 1993.

J. Spritzer, Ich war Häftling Nr. 10291. (1947) Darmstadt 1980. - Dazu: "Jenny Spritzer-Schaner", in: Israelitisches Wochenblatt, Nr. 4, 26.1.1996, S. 9 u. 40.

P. Stránský, Als Boten der Opfer - Von Prag durch Theresienstadt, Auschwitz, Schwarzheide und zurück 1939–1997. Konstanz 1997/2001.

J. Stroumsa, Geiger in Auschwitz - Ein jüdisches Überlebensschicksal aus Saloniki 1941-1967. Konstanz 1993; englisch: Violinist in Auschwitz - From Salonica to Jerusalem 1913-1967. Konstanz 1996.

The Jewish Encyclopedia. New York 1901–1906, Vol. VI u. X.

The New Standard Jewish Encyclopedia. New York 1992.

The Universal Jewish Encyclopedia. New York 1943, Vol. V u. IX.

J. Tsatsos, Grèce 1941–1944. Journal de l'Occupation. Neuchatel 1967.

I. Wajsbort, Im Angesicht des Todes – Von Chorzów über Zawiercie, Tarnowitz, Tschenstochau durch Auschwitz nach Malchow und Oschatz 1939-1945. Konstanz 2000.

M. Weinmann (Hg.), Das nationalsozialistische Lagersystem. Frankfurt a.M. 1990.

G. Wehrle u. Th. Wandres, Auschwitz vor Gericht. Völkermord und bundesdeutsche Strafjustiz. Mit einer Dokumentation des Auschwitz-Urteils. München 1995.

E.R. Wiehn, Dajenu II – Eine denkwürdige Dienstreise nach Israel. Konstanz 1988.

E.R. Wiehn, Ghetto Warschau – Aufstand und Vernichtung 1943 fünfzig Jahre danach zum Gedenken. Konstanz 1993.

E.R. Wiehn, Keine Entwarnung – Kolumnen zur Lage, Schriften zur Schoáh und Judaica 1994–1997. Konstanz 1997.

E.R. Wiehn (Hg.), Totengebet – 60 Jahre Beginn des Zweiten Weltkriegs und der Schoáh in Polen. Konstanz 1999.

E. Wiesel, Die Nacht. (1958) Esslingen 1980.

Holocaust-Mahnmal auf dem jüdischen Friedhof von Thessaloniki (Foto Wiehn)

Umschlag-Titelseite der griechischen Originalausgabe von Erika Kounio-Amariglios *Penínta chrónia metá.* Thessaloniki 1995. (Das Haus in der Mitte ist Erika Kounios Elternhaus in Thessaloniki direkt am Meer.)

Rudolf (Rolly) Amariglio auf dem jüdischen Friedhof in Thessaloniki 2013 (Foto Erhard Roy Wiehn)

Erika Myriam Kounio-Amariglios Grab auf dem jüdischen Friedhof in Thessaloniki 2013 (Foto Erhard Roy Wiehn)

Edition Schoáh & Judaica/Jewish Studies – seit/since 1984
von/by Prof. (em.) Erhard Roy Wiehn, Universität Konstanz
Hartung-Gorre Verlag/Publishers, Konstanz, Germany
02/2018 http://www.uni-konstanz.de/soziologie/judaica

Griechenland

Erika Myriam Kounio-Amariglio, Damit es die ganze Welt erfährt – Von Saloniki nach Auschwitz und zurück 1926–1996. Aus dem Griechischen von Egon Amariglio. Konstanz 1996, 2. Auflage 2003, 171 Seiten. ISBN 3-89649-003-6

Jacques Stroumsa, Geiger in Auschwitz – Ein jüdisches Überlebensschicksal aus Saloniki 1941–1967. Aus dem Französischen von Brigitte Pimpl. Konstanz 1993, 108 Seiten. ISBN 3-89191-652-3: **Wieder lieferbar!**

Jacques Stroumsa, Violinist in Auschwitz – From Salonica to Jerusalem 1913–1967. Translated by James Stuart Brice. (Englisch von James Stuart Brice) Konstanz 1996, 110 Seiten. ISBN 3-89191-869-0

Erhard Roy Wiehn, Juden in Thessaloniki – Die alte sephardische Metropole im kurzen historischen Überblick unter besonderer Berücksichtigung der Schoáh 1941–1944. Konstanz 2001, 50 Seiten. ISBN 3-89649-718-9

Erhard Roy Wiehn, Ewräi sti Thessaloniki – Jews in Thessaloniki. (ins Griechische übertragen von Rudolf Amariglio, translated into English from James Stuart Brice). Konstanz 2004, 74 Seiten (Griechisch u. Englisch). ISBN 3-89649-909-2

Jugoslawien

Zdenko Levental, Auf glühendem Boden – Ein jüdisches Überlebensschicksal in Jugoslawien 1941–1947. Mit einer Dokumentation. Konstanz 1994, 296 Seiten. ISBN 3-89191-644-2: **Vergriffen!**

Michael Merón alias Wladimir Mautner, Wir müssen es alleine schaffen – Von Zagreb durch deutsche Kriegsgefangenschaft und Jugoslawien nach Israel 1915–1997. Konstanz 1997, 83 Seiten. ISBN 3-89649-089-3

Zeev Milo, Im Satellitenstaat Kroatien – Eine Odyssee des Überlebens 1941–1945. Konstanz 2002, 256 Seiten. ISBN 3-89649-809-6

Zeev Milo, Der italienische Widerstand gegen den Holocaust in Kroatien – Geschichte und persönliche Erlebnisse 1941–1945. Konstanz 2013, 115 Seiten. ISBN 978-3-86628-448-7

Zu beziehen bei/can be ordered from:
Verlagsbuchhandlung Hartung-Gorre
D-78465 Konstanz, Germany - Telefon +49 (0)7533/97227 - Fax 97228
E-mail: Hartung.Gorre@t-online.de & verlag@hartung-gorre.de
oder durch den Buchhandel/or at your book shop!
http://www.hartung-gorre.de

Dr. Dres. h.c. Erhard Roy Wiehn, M.A.

Professor (em.) im Fachbereich Geschichte und Soziologie der Universität Konstanz; Veröffentlichungen vor allem zur Schoáh und Judaica. https://de.wikipedia.org/wiki/Erhard_Roy_Wiehn

www.ingramcontent.com/pod-product-compliance
Lightning Source LLC
LaVergne TN
LVHW011709230826
846092LV00010BA/1224

* 9 7 8 3 8 6 6 2 8 4 9 8 2 *